创新发展丛书·洪银兴 主编

创新始者熊彼特

[奥] 海因茨·D. 库尔茨　[奥] 理查德·斯图恩　著

纪达夫　陈文娟　张　霜　译

纪达夫　校译

SCHUMPETER
FÜR JEDERMANN
Von der Rastlosigkeit des Kapitalismus

Heinz D. Kurz

Richard Sturn

南京大学出版社

丛书总序

　　创新,是近年来国内外使用频率最高的概念之一,尤其是党的十八大以后,我国的经济发展由要素和投资驱动转向创新驱动阶段,创新已成为经济社会发展的第一动力。

　　创新理论的提出可追溯到奥地利经济学家熊彼特,创新思想的提出则可再往前追溯至马克思。梳理创新理论的产生和发展,不仅可以准确理解创新经济学的演进,还能深刻理解创新发展理念的创新价值。

　　最早提及"创新"思想的是马克思的《资本论》。根据马克思的概括,"智力劳动,特别是自然科学的发展"是社会生产力发展的重要来源。①

　　而最早在经济学领域使用"创新"概念的则是熊彼特。他在 20 世纪20—30 年代发表的论著中多次提及"创新"概念。在他那里,创新即生产要素的"新组合",包括五个方面创新:(1) 采用一种新的产品;(2) 采用一种新的生产方法;(3) 开辟一个新的市场;(4) 掠取或控制原材料或半成品的一种新的供应来源;(5) 实现任何一种工业的新的组织。简单地说就是:产品创新、技术创新、市场创新和组织制度创新。在此之后,创新理

---

　　① 马克思:《资本论》第 3 卷,人民出版社 2004 年版,第 97 页。

论随着科技进步和经济发展而不断演化,弗里曼在解释"创新"概念时,把熊彼特创新概念的内涵概括为新发明、新产品、新工艺、新方法或新制度第一次运用到经济中去。

基于创新定义,熊彼特把新组合的实现称为"企业",把职能是实现新组合的经营者们称为"企业家"。企业家是创新活动的倡导者和实行者。经营者只有在从事创新活动时才能称为企业家,"每一个人只有当他实际上'实现新组合'时才是一个企业家;一旦当他建立起他的企业,也就是当他安定下来经营这个企业,就像其他人经营他们的企业一样时,他就失去了这种资格。这自然是一条规则"①。熊彼特指出,创新就像一个"创造性毁灭"过程,也就是说,一个技术创新使前一个创新变得过时了。新进入厂商的威胁使原有厂商不能原地不动,不能坐享其成,竞争的压力使他们必须不断地进行研究开发。因此创新企业有了连续创新的动力,市场就具有了连续的暂时性垄断的特征。熊彼特凭借其对"创新"的定义及"创造性毁灭""企业家精神"等创新理论在国际学术界树立了崇高的地位。后续的学者在熊彼特的基础上,对创新理论不断进行继承和拓展,其中较杰出的研究包括 Chris Freeman 的国家创新体系学说、Richard Nelson 和 Sedney Winter 的演化经济学以及 Henry Chesbrough 的开放式创新理论。

诺贝尔经济学奖得主索罗在 20 世纪 50 年代提出的经济增长模型包含了技术进步的作用。根据他对增长原因测度的结果,促进人均收入增长的主要因素是资本投资和技术进步。在这两者之间,技术进步的影响更为显著。根据他的统计分析,美国经济增长大约有 80% 源于技术创新,仅 20% 源于资本积累。这意味着带来更多产出的原因是"技术的进步以

---

① 熊彼特:《经济发展理论》,商务印书馆 1990 年版,第 87 页。

及工人技能的提高"①。可见技术创新在现代经济增长中的作用十分显著。

最早将创新驱动作为一个发展阶段提出来的是波特,他把经济发展划分为四个阶段:第一阶段是要素驱动阶段;第二阶段是投资驱动阶段;第三阶段是创新驱动阶段;第四阶段是财富驱动阶段。其中,企业具有消化吸收和创新改造外国先进技术的能力是一国产业达到创新驱动阶段的关键,也是创新驱动与投资驱动的根本区别。

20 世纪 90 年代针对发达国家进入知识经济时代的趋势,国际经济合作组织(OECD)发表《以知识为基础的经济》报告,明确提出国家创新体系的概念,不仅区分了知识创新和技术创新,还揭示了两者在国家创新体系中的相互关系。

2016 年杭州 G20 峰会通过的《二十国集团创新增长蓝图》对创新含义有个完整的阐述:创新是指在技术、产品或流程中体现的新的和能创造价值的理念。创新包括推出新的或明显改进的产品、商品或服务,源自创意和技术进步的工艺流程,在商业实践、生产方式或对外关系中采用的新的营销或组织方式。创新涵盖了以科技创新为核心的广泛领域,是推动全球可持续发展的主要动力之一,在诸多领域发挥着重要作用,包括促进经济增长、就业、创业和结构性改革,提高生产力和竞争力,为民众提供更好的服务并应对全球性挑战。

现在,根据新发展理念,把创新放在国家发展全局的核心位置,既有必要性又有紧迫性。首先,面对日益激烈的国际竞争,只有创新才能创造国际竞争力,抢占国际科技和产业的制高点。其次,面对国内"两个一百

---

① 索罗:《论经济增长》,载廖理等:《探求智慧之旅》,北京大学出版社 2000 年版,第 196 页。

年"奋斗目标,只有依靠创新,才能在已有发展的基础上,全面建成小康社会,实现第一个百年奋斗目标,而且能够推动国家持续健康发展,在更高层次上实现第二个百年奋斗目标。中国近年来的创新实践把创新理论大大向前推进了一步。

把创新作为经济发展的新动力,意味着经济发展更多依靠科技进步、劳动者素质提高和管理创新驱动。转向创新驱动,涉及经济发展方式的重大转变。我国长期依靠物质要素投入推动的经济增长方式,属于由投资带动的要素驱动阶段,这种增长方式不可避免而且已经遭遇资源和环境不可持续供给的极限。随着物质资源和低成本劳动力的供给不断接近极限,经济发展正在由要素和投资驱动阶段转向创新驱动阶段。所谓创新驱动就是利用知识、技术、企业组织制度和商业模式等创新要素对现有的资本、劳动力、物质资源等有形要素进行新组合,以创新的知识和技术改造物质资本、提高劳动者素质和进行科学管理。各种物质要素经过新知识和新发明的介入和组合提高了创新能力,形成内生性增长。

创新是转变经济发展方式的抓手。第一,现有的资源容量难以支撑经济的持续增长,必须要寻求经济增长新的驱动力。创新实际上是创造新的发展要素,或者是节省物质要素的投入、提高要素使用效率。因此创新驱动可以在减少物质资源投入的基础上实现经济增长。第二,我国的产业结构处于低水准、缺乏国际竞争力阶段,必须要提高产业创新能力。产业创新能力关乎国家竞争力,因此成为创新的着力点,只有依靠科技和产业创新,推动产业转向中高端,才能占领世界经济科技的制高点。第三,针对已有的工业化所产生的严重的环境污染和生态平衡的破坏以及世界范围的高碳排放量造成全球气候异常,发展方式需要控制环境污染。减少碳排放,其路径不是控制和放慢工业化进程,而是要依靠科技创新发展绿色技术,开发低碳技术、能源清洁化技术、循环经济技术,发展环保产业。显然,这些创新的绿色技术得到广泛采用,将对高排放、高能耗产业和技术强制进行淘汰和替代。

驱动发展的先进技术有外生和内生之分。引进和模仿的技术创新基本上属于国外创新技术对我国的扩散,创新的源头在国外,采用的新技术是国外已经成熟的技术,核心技术、关键技术不在我们这里。这种技术创新的意义在于缩短技术的国际差距,但无法进入国际前沿。我国在成为世界第二大经济体后,一方面已经具备了自主研发新技术的能力,另一方面西方发达国家不愿意看到中国成为经济强国,他们会在"中国威胁论"的幌子下竭力打压中国的经济发展,对中国的高技术封锁和贸易摩擦会明显加大。这就迫使我国努力推进科技创新,发展具有自主知识产权的技术和产业,也就是立足于自主创新,形成具有自主知识产权的关键技术和核心技术,当然,即使是自主创新还是开放的。

经济发展的每一个时期都会产生反映当时最新科技水平的新产业和新动能,被称为新经济。时代的发展、科技的进步、新经济的出现,可以说是每个经济时代的新动能。"新经济"概念最早出现在 20 世纪 80 年代,是对当时美国在信息技术革命推动下所产生的信息产业和信息经济的概括,包含信息经济、网络经济、数字化经济等。信息技术的发展对人们的工作、学习和生活方式产生了全新的革命性影响,它不仅丰富了人们获取信息的途径,而且为企业内或企业间的信息交流提供了快捷而价廉的通信工具,还给工商企业和消费者之间的信息沟通提供了新的渠道。网上教育、网上通信、网上新闻、网上交易、网上娱乐等,使网络成为人们经济活动的主要场所。现在所讲的"新经济"则是指在互联网和智能化技术推动下产生的新兴产业,涉及高端服务业中的"互联网十"、物联网、云计算、电子商务等新兴产业和业态,先进制造业中的智能制造、大规模的定制化生产等。以信息技术和信息产业为代表的第一轮"新经济"中国没有能够领先,只能跟随;如今的"新经济"中国不能只是跟随,必须要同发达国家站在同一创新起跑线,并占领制高点。这是我国经济发展和经济转型的新动能。

习近平总书记指出:"谁牵住了科技创新这个牛鼻子,谁走好了科技创新这步先手棋,谁就能占领先机、赢得优势。"显然,创新能否成为引领发展的第一动力,关键在科技创新。现在提出的创新发展理念明确提出科技创新是创新发展的核心,正是建立在科学技术是第一生产力的理论判断基础上的,当然,它的理论和实践意义又更进了一步。

首先,新一轮科技革命和产业变革蓄势待发,信息科技、生物科技、新材料技术、新能源技术广泛渗透。在新科技革命的推动下,美国实施的再工业化战略,希望通过技术创新与制度创新,重振制造业中高端和高附加值的领域,尤其是大型、复杂、精密、高度系统整合的产品,实现"经济中心"的回归;德国推出的"工业4.0"计划,是继机械化、电气化和信息技术之后,以智能制造为主导的第四次工业革命,主要是指通过信息通信技术和虚拟网络—实体物理网络系统(CPS)的结合,将制造业向智能化转型。《第三次工业革命》的作者里夫金认为,第三次工业革命的标志为移动互联网+清洁能源。所有这些都是新科技和产业革命的动向。过去每一场新科技革命都是首先在西方发达国家产生,当今时代,经济全球化、信息化和网络化使新科技和产业革命的机会对各个国家都是均等的。这次新科技和产业革命的机会我们绝不能再错过。就我国现阶段的科技创新水平来说,既需要补工业3.0(信息化)的课,又需要迎头赶上工业4.0(智能化)。

其次，技术进步路径发生了革命性变化。过去常用的概念是技术创新，现在突出强调科技创新，这实际上反映了创新源头的改变。技术创新相当多的是源于生产中经验的积累、技术的改进、企业内的新技术研发。即使是由科学发现所推动的技术进步，也会间隔很长的时间，需要几十年甚至上百年。现在的技术进步更多来源于科学的发明，特别是在20世纪后期产生"新经济"以来，科学上的重大发现到生产上的使用，转化为现实生产力的时间越来越缩短，缩短到十几年，甚至几年。现在一个科学发现到生产上应用（尤其是产业创新）几乎是同时进行的，这意味着利用当代最新的科学发现成果迅速转化为新技术可以实现大的技术跨越。例如，新材料的发现、信息技术和生物技术的突破都可以迅速转化为相应的新技术。这种建立在科技创新基础上，以科学发现为源头的科技进步模式，体现了知识创新（科学发现）和技术创新的密切衔接和融合。

第三，产业创新是科技创新的目标。过去的技术创新着重在产品和工艺创新上，现在，竞争力是以产业水准作为度量单位的，国家的竞争力在于其产业创新与升级的能力。产业创新依托科技创新，科技创新是先导，产业创新成为创新的终端目标。现代经济增长的实践证明，先行国家的产业结构转型升级都是在科学技术取得重大突破基础上实现的。这意味着科学技术不仅是第一生产力，还是产业结构转型升级的第一推动力。科技创新及其成果的高速扩散是推动产业结构高度化的重要因素。没有科学技术的突破就不会有新产业的产生，没有新技术的扩散就不可能有产业结构整体水准的提升。顺应现代经济发展的趋势，我国实施创新驱动的发展战略需要解决好科技创新和产业创新的对接问题，利用当代最新的科学技术成果迅速转化为新产业可以实现大的技术跨越。

习近平总书记指出：我国的科技创新已从以跟随为主转向跟随和并

跑、领跑并存的新阶段。跟随国际新技术的技术创新无法进入国际前沿，中国成为世界第二大经济体后，技术创新不能再停留在跟随创新阶段，不仅要同发达国家并跑，更要领跑。这就需要立足于自主创新，形成具有自主知识产权的关键技术和核心技术，其前提是提高知识创新能力。这是提升科技创新能力的基础。由跟随转向并跑和领跑的科技创新关键是在创新的源头上提高创新能力，包括科学新发现所产生的原创性创新成果，对引进的先进技术的再创新，从而形成拥有自主知识产权的核心技术和关键技术。着力点就是加大进入世界前沿的基础研究的力度，提高知识创新能力。其路径包括实施一批国家重大科技项目，在重大创新领域组建一批国家实验室，中国的科学家提出并牵头组织国际大科学计划和大科学工程。依托这些项目和载体，可以产生突破性重大知识创新成果。不仅如此，由于新技术的知识产权限制，新技术的国际流动性明显弱于科学和知识的国际流动性，大学利用国际最新科学发现进行技术创新，可能实现技术的跨越，依托大学的知识创新，企业的技术创新就可能在许多领域得到当今世界最新科学技术的推动。

明确了科技创新的源头，紧接着的问题就是推动知识创新和技术创新的无缝对接，从而使科学发现成果向产品和技术及时并有效转化，推动新技术、新产业、新业态蓬勃发展。产学研协同意味着大学与企业分别作为知识创新主体和技术创新主体在孵化新技术领域中的协同关系。大学进入孵化新技术领域从一定意义上说是将"顶天"的成果"立地"。企业作为技术创新的主体进入孵化新技术领域，不仅仅是在采用新技术方面成为主体，更是在孵化新技术方面成为主体。科学家和企业家在同一创新平台上直接交汇和协同，需要两个方面的转型。一方面通过科技体制改革推动大学的知识创新延伸到孵化阶段，大学的创新不应限于创造知识还应往前走一步，将科学研究成果推向应用，参与孵化新技术；另一方面通过企业改革推动企业的技术创新不仅仅停留在接受新技术转移的水平上，而是要将技术创新环节延伸到新技术的孵化创新阶段。这样就形成企业家和科学家的互动合作。在同一个协同创新平台上，科学家和企业家相互导向，使创新成果既有高的科技含量，又有好的市场前景。进入研发平台的新思想、新创意不只是进入平台的科学家的原创性科研成果，进入平台的科学家还会根据企业家的需求利用国内外的创新资源为之提供科学思想，从而在平台上产生源源不断的新技术。

实施创新驱动发展战略，最根本的是要增强自主创新能力，最紧迫的是要破除体制机制障碍，最大限度解放和激发科技作为第一生产力所蕴藏的巨大潜能。这些都要求都我们不断探讨转向创新驱动发展方式的指导思想；同时，这也是编写本丛书的目的所在。

洪银兴

目　录

致中国读者
——是熊彼特世纪吗?

真的像某些经济学家所说的那样,我们生活在"熊彼特世纪"? 熊彼特对"资本主义社会的经济史中最重要事实"的看法,就是通过"重新组合"来实现经济和社会领域的创新。创新缘于经济的起伏、经济周期循环以及经济发展的长波(Kondratieff,康德拉季耶夫循环论)。经济循环可不是扁桃体,可以"处理掉"或者自我"康复",它好比心脏跳动一样,是这个器官最重要的本质特征。

人们对熊彼特著作的兴趣日益增加的**一个重要原因**是"确实存在的"苏联社会主义制度的瓦解。它在军备竞赛中失败,因为苏联在创新和活力方面的平均水平长时期远不如它的资本主义对手。苏联当时军备预算占国民生产总值的 30%,而对手的军备预算最多是它(苏联)比例的一半或者更少,只有 7%。你说,哪个有经济活力? 哪个阻碍经济活力?

另外一个原因是 20 世纪下半叶,美国和苏联集中精力"赛跑",而"偏安一隅"的中国却腾飞成了世界强国。很长时间以来,中国经济的快速增长没有真正注意到地缘政治的作用。邓小平一句"向西方学习"的口号拉开了令人难以置信的发展序幕。倘若国民经济生产总值平均每年以 10%的速度增长的话,大约 7 年就可以翻一番。从 1978 年至 2015 年,中国国民经济生产总值增长了三十多倍! 这个情况接近中国自己所公布的数字。而同一时期的其他国家的增长速度只有 2.5%。按照这种"利滚利"式的计算方式可清楚地看出那令人惊异的速度差异。

那么熊彼特跟这些有什么关联和意义呢？"向西方学习"就是在不同方面模仿它，汲取它的技术与组织知识。正如熊彼特强调的那样：模仿是经济发展整体不可或缺的一部分，某些公司在技术上有突破，其他公司就会模仿，以避免被挤出市场。科技落后的国家解决这一漏洞的好的做法是通过吸取更好的相适应的生产方式来缩小差距。模仿的过程往往导致创新，特别是促进他们学会了学习。今天中国的这种情况和过去的日本、德国以及那些经济追赶上来的国家是一模一样的。

如果模仿作为推力，追赶是富有成效的，这会失去什么意义呢？如何才能从模仿经济向创新经济转型？今天的中国在一些领域就面临着这一问题。

第三个原因是熊彼特具有高度的现实意义——金融危机爆发后，欧洲、美国明显出现萧条趋势，日本已经处于20年的萧条状态，中国也开始担忧掉入这个陷阱。世界经济是否大多进入了新的大衰退？这是否意味着不久就会通过某种关键科技出现新的、长久一些的经济腾飞，诸如集成电路技术、生物技术、发现可利用的新材料、开发新能源，或者保持经济低增长率和高失业率？

最后，社会如何妥善处理在经济萧条时期收入和分配不公这对矛盾的尖锐化问题？

那就进入"民主"这个老祖宗传下来的制度吧，这和以前的封建制度是不一样的，在封建社会里，人的社会地位是靠继承而不是靠成就获得的。那么作者在《资本主义、社会主义与民主》里告诉了我们什么呢？

海因茨·D. 库尔茨

2016 年 8 月 20 日

导言

　　约瑟夫·熊彼特是 20 世纪最伟大的经济学家之一。从一个人的角度来看，他的形象闪闪发光——既是现代科学家，又是传统的博学多才的学者、有教养的智者和绅士，还是一位历史舞台上的表演者和思想家。他的一生丰富多彩：在他到哈佛大学之前的二十年里，其职业涵盖了银行总裁、政治家以及在开罗担任法官，年轻时在异域（当年奥匈帝国最东边的宗主国，今天的乌克兰境内）担任教授。他的生平，充满了冲突与灾难，但同时也折射出了他的世纪之光。

　　熊彼特的精神世界充满了对立与矛盾。在他的著作中，活跃着浓缩的经济学概念，直到今天某些词汇仍在人们的口中相传：**创新**、**企业家精神**、**创造性毁灭**……在他的那个时代，熊彼特被视为有独特思想的、卓越的演讲家，有教养并受人尊敬的博学多才的学者。他的成就直到他去世后的 20 世纪 50 年代才得以确认：在 21 世纪初，他被视为那个时代思想家的象征。在全球生态环境下，资讯技术和全球化导致了资本主义新一波全球化问题，同时也推动了经济、学术以及社会的创新，20 世纪还没有第二个经济学家像熊彼特那样准确地指出，在经济危机降临过程中，采用创造性毁灭的方式拯救资本主义。

　　作为资本主义的超前思想家，他能看到别人认为的平静社会状态下潜在的危机，并对这些提出了对策。他是一个反传统的人，他与各个学派都保持紧密关系——与奥地利国民经济学派的关系也一样，其中有几位是他的老师。他早就看出，现代经济学的发展越来越离不开数量经济这个工具箱。然而，在他的研究领域里，他只将此放置于边缘研究位置，他的兴趣爱好是包罗万象的社会科学，这其中也包括经济学，这样能更全面地理解资本的发展变化过程。此外，他对资本主义社会文化的深层次系统研究一如他的远见卓识，具有划时代意义。

如果谁用自己固有的世界观或者放大某个观点寻找意识形态方面的对手,并将其用在熊彼特的身上,那么他一定会失望的。上述做法用在他那些著名的论述方面也是极不合适的。毋庸置疑,熊彼特是一位保守的自由主义者,他不厌其烦地强调不断完善的新规则和旧的精英对资本主义的意义;同时,根据个人喜好,他尽可能享受其高雅的、贵族式的生活方式,那么他怎么会极其佩服马克思呢?因为马克思是他灵感的重要源泉啊!随着时间的推移,从维也纳到哈佛大学任教授,他是如何既接近马克思社会主义学说,又赢得同事和学生尊重的呢?这显然让我们觉得熊彼特是一位怪诞的、矛盾的经济学家、思想家。

要回答这些问题,在熊彼特的著作和生活中随时可以找到答案:我们遇到的这位不只是一位 20 世纪重大变革中独具魅力的知识分子,与那些典型的、已经消失了的当代主流经济学家相比,我们从他的著作中更多地了解到资本主义的活力、观念与挑战。而在研究熊彼特的过程中,我们看到,这位"时代弄潮儿"和"研究未来的学者"习惯使用广告式的创新词,总喜欢使用连接号(-)+社会、公司这类词汇,而没有充分地对资本主义的活力基础进行仔细解析。从这个意义上讲,应该感谢出版社,它让这本书面世——超出当时流行的创新概念,同时将熊彼特的思想世界及其背景连接在一起,形成一个更为广大的读者圈。

此外,还要感谢 Rudolf Dujmovits, Harald Hagemann, Jörn Kleinert, Johanna Pfeifer, Andreas Rainer, Wolf Rauch, Timon Scheuer, Michael Schwarz 以及 Irene Ploder 对本书文稿的措辞或者文献资料提供了帮助。

格拉茨,2011 年 12 月

第一部分 生平

1. 孩提与青年时代

真的会变成什么，只有上帝知道。人们时刻都应该明白，我们对每一件事情都应该从头抓起，并且一定要做好万全计划。……此外，人们都希望尽可能地使自己拥有正能量，就是那个决定时代列车的能量。这其实是一个模糊不清的角色，在长时间后，可以从中看出，人是物非，飞逝而过的终将过去，因为它无法改变，所有的顺从只会获得难受的感觉和越来越多的暴力，如同人们偏离了目标或者走上了错误路段。这样，暴风雨般的一天就会来临：下车！跳下去！

挫折、没有发展、原地踏步、回到错误的岔路口，这会勾起人们的思乡之情。在奥地利帝国（指奥匈帝国——译注）还存在的旧时代，人们可以离开这样的时代列车，乘上普通铁路上的普通列车回到家乡。

——[奥地利]罗伯特·穆齐尔：《没有个性的人》

熊彼特出生于 1883 年 2 月 8 日，在他的出生证和受洗证书上，姓名是这样写的：约瑟夫·阿洛伊斯·熊彼特（Josef Aloisius Schumpeter）。他的出生地是位于布拉格以南 120 公里的摩拉维亚省迈恩市特里施镇。当年，该城属于奥匈帝国，现今属于捷克共和国。小城有 45 000 多名居民，大多数人讲捷克语，从事农业和极少的工业，只有大概十分之一的人将德语作为母语。除了犹太人外，就是那些天主教上层贵族、官员和企业主们——熊彼特家族就是他们中的一员。约瑟夫（指熊彼特——译注）的父亲出生于一个天主教家庭,生活优越、具有威望,他们家的织布厂已经经营了几代。首先,他的祖父阿洛伊斯曾担任过特里施镇长,兴许他的身上就潜移默化地承载了企业家形象,后来成为**约瑟夫·阿洛伊斯·熊彼特**资本主义理论的某种化身——他将这些充满生命力的形象嵌入了他的著作中。除了经济膨胀和技术创新(诸如蒸汽机的使用)外,**新市场的开发**也属于他爷爷的成就。当年,老人家努力开拓市场,获得了向奥斯曼军队供应非斯帽①的订单。所有这些人们都没有忘记。人们不仅记得约瑟夫出生的那个古典主义风格的建筑(现今已成为这座城市之子的纪念馆,他为这座城市带来了荣誉),而且还记得他们的家族陵墓、他们家捐献修缮的教堂和道路。熊彼特的母亲约翰娜出生在大多数人讲德语的伊格瑙镇,她的父亲格吕讷尔(Grüner)是医生,信奉天主教,两家相距不远。熊彼特家的工厂和家里雇用的都是捷克人。当时,德国人和捷克人共同生活在一起,但已经充满了紧张气氛。为了对付捷克人日益强烈的文化觉醒,德国上层采取了更加强硬严厉的民族主义政策。可以推断,熊彼特家族属于那种开明的天主教徒。尽管如此,此时这个地区已是风起云涌,人们已感受得到不断攀升的民族主义与反对德国政治和经济领域的统治之间的对立情绪。

约瑟夫·熊彼特的父亲在他刚出生没几年的一次狩猎事故中去世,这对他年仅 26 岁又胸怀壮志的年轻母亲来说,怎么在如此的一个小地方坚持下去呢? 是的,她可以用终身的努力为儿子和熊彼特家族建立生活保障。那么她将付出什么样的代价? 根据现有证据,熊彼特家族并不是狭隘的保守主义守护人。19 世纪,德意志-波西米亚的天主教开始了全面的思想启蒙,这深刻地影响了奥地利人民的精神生活。然而,很明显的是,作为一个年轻女性,一个孩子的母亲,在那样一个小镇施展才能的空间会受到许多可

---

① 流行于摩洛哥非斯的一种毡帽。译者注。

想而知的限制。如是,约翰娜不想就这样在特里施小镇当一辈子寡妇,她特别不希望自己可爱的儿子的发展空间和机会就此被限。她给儿子做了许多规划,特里施太狭隘、太小、太陈腐,她要寻找新的挑战,因为,企业家族人的身影不会仅局限于经济领域那么狭隘。在其他的领域,如约瑟夫(熊彼特)的外祖父在运动场上的表现,当然还有其他亲戚,如奥地利著名滑雪运动创导者马蒂亚斯·兹达斯基(Mathias Zdarsky),这些基因在母亲约翰娜的身上得以保留下来,后来也成了她儿子的一个研究课题。就她日常生活中的形象来说,她是典型的工厂主,如同熊彼特描述的那样:敢于冒险、精力充沛、目标清晰、从不胆怯、保持优良传统、冲破局限、不屑于安逸和小恩小惠。所有这一切,其实也是熊彼特自己的写照——始终不断地用新视野去发现新的自我。

于是,熊彼特的母亲带着他于 1888 年搬出了小镇。他们来到了格拉茨,熊彼特在这里上了小学。当地求婚者纷至沓来,她的选择既谨慎又深思熟虑,直至 1893 年与陆军元帅西格蒙德·封·克勒尔(Sigmund von Keler)结婚。这是位皇家军队军官,是一位得用"阁下"来称呼的人。封·克勒尔阁下这个称呼在格拉茨、在君主国,与"退休之家"(Pensionopolis)同样有名,"退休之家"是因为官员退休将优先安排到那儿。他们结婚时,男方 65 岁,她才 32 岁,熊彼特 10 岁。这个单身汉早年积累了一小笔财富,退休后享受着优渥的物质生活。约翰娜完全不是贫穷之人,我们无从知道,封·克勒尔阁下除了这个贵族封号外,还有什么能吸引她,不过,对平常百姓紧闭的大门却处处向他敞开着。

有一扇门是特别为熊彼特的母亲打开的——特蕾西亚公立学校,这所以女王名字命名的学校位于维也纳,它的优秀程度可以与英国的伊顿公学相提并论。那些王公贵族子弟在这里学习后,便前往国家高级国务部门,如外交和军事部门任职。从这所学校毕业，就意味着他将成为一个大权在握的人。继父成全了熊彼特成为这所精英学校的走读生。基于此，他们又迁居到维也纳。他们在议会附近的指环街（Ringstrasse）租下一栋与其身份相当的豪宅，这条街是熊彼特上学的方便之路。指环街在几十年前就已成为欧洲最豪华的街道了，这条街像拉满的弓一样呈半圆形环绕着霍夫堡皇宫和英雄广场，这里坐落的是一片承载着历史象征的豪华建筑群，构成了多瑙帝国（奥匈帝国）最后阶段的统一、繁荣的图景：希腊古典式建筑议会大厦、（新）哥特式建筑市政大厅、（新）文艺复兴风格的维也纳大学以及一些代表性文化建筑——宫廷剧院、皇宫歌剧院、宏大的博物馆等。熊彼特接受的是一流的人文教育，同时也学习数学、自然科学。除了必修的希腊语和拉丁语外，他还学了英语、法语和意大利语，另外还学习骑马术和击剑。在好奇心与求知欲的驱使下，在好胜的母亲的监督下，他成了成绩最好的学生之一。

　　八年的特蕾西亚公学对他还有其他方式的影响，他的小桌布上写着当时流行的格言："有一点愚昧是有教养的。"①熊彼特有教养，但他不愚昧。他的生活方式从某种程度上让人感觉到他渴望拥有高贵的社会地位，但这个愿望不缘于他的出身和外表。此外，人们背地里议论他骄傲自大、傲慢、缺乏坚持不懈的精神、投机主义。他的朋友菲利克斯·萨默里评价说："他一生中从未坚持不懈地做过任何事情。"这个评价现在看来似乎并不相符，至少他倾心贵族的生活方式是始终不变的。由此我们可以看出，萨默里所要表达的意思了。1901 年，熊彼特以优异的成绩从特蕾西亚公学毕业。

---

　　①　这里指不跟别人计较，难得糊涂的意思。译者注。

2. 维也纳的环境特征——奥地利学派

从特蕾西亚公学毕业后，熊彼特顺理成章地进入奥匈帝国的第一学府——维也纳大学深造，这与毕业后进入剑桥大学或牛津大学的伊顿学院完全一样。1901 年，熊彼特在维也纳大学注册入学，他学习国民经济学，也叫民族经济学——当时只有国家科学系（培养高官的系）的法律专业学生才有可能学习这门课程。熊彼特想当法官，但他的主要兴趣却在经济学理论方面。

1900 年前后的维也纳

1900 年前后的维也纳是一个大都市，是这个多民族居住、拥有 5000 万人口的国家的中心，西至博登湖，东至今天的乌克兰和波兰的克拉科夫，南至贝尔格莱德-萨拉热窝。维也纳处于当时该地区的政治、文化**地震带上**的震中位置。其时，民族主义抬头，反犹太主义的毁灭性力量蔓延清晰可见。老皇帝弗兰茨·约瑟夫多次极力阻止任用当时年轻的希特勒所推崇的反犹太主义者卡尔·吕格尔（Karl Lueger）为维也纳市长，但最终还是做了退让。顺便提一下，吕格尔是一个房主的儿子，他的家位于维也纳工业大学附近，他也上了特蕾西亚公学。在此期间，维也纳某些勤于思考的知识群体形成的一些共识，以及奥匈帝国军队的矛盾和怪异因素都对少年熊彼特产生了影响，同时，有些方面也吸引了他。那些矛盾纠结都可以在他充满对立的生平和著作中找到印迹。这些矛盾体现在所有的现代文明所达到的层次，应该比民族主义现象更加深广。1914 年之前的奥地利，在五光十色的"技术-

浪漫"文明表面现象下,其农业已逐渐演变发展成引起争议的农田分散经营模式。骚动,在新的富丽堂皇的指环街的外表下进行[①];骚动,在让人反复感受到传统的西班牙宫廷礼节的外表下进行;骚动,在伦理和荣誉习惯的外表下进行,这个所谓的荣誉习惯就是军人必须要为荣誉而决斗——由此让人想起了瘦条身材的"少尉古斯特尔",他认为应该和面包师决斗,因为面包师在公开场合用善意的方式"侮辱"了他。敌意已经能够感觉得到了,长期以来的安全(1815 年至一战前基本没有什么大的战争)正在萎缩,到处都流行着要通过武力来达到政治变革的观点。敌意甚至存在于性爱理念、天主教家庭之间以及性道德方面。敌意一方面存在于富有情趣、快乐的华尔兹以及美好的浪漫传统中;另一方面,存在于尖锐无情的解析、尖刻的批评和极端的现代主义中。卡尔·克劳斯选择"我们干掉了什么"作为他创刊的杂志的座右铭和火炬,出版了近 1000 期,竟然没有任何事,也没有任何人招惹他。后来,熊彼特当上财政部长,成了维也纳社会名流,大概在 1920 年,因为爱好"绅士"派头,追求完美以及迷人的气质,使他变成了克劳斯评论的目标:"有那么一个人,总而言之,想得多,做得少,似乎他的主要工作是始终穿戴讲究。"但熊彼特与卡尔·克劳斯的关系却是正面的,即使到晚年,熊彼特都没有对克劳斯的人品有过任何指责。政治家是这样让我们知道骑手的骑术差——只顾如何保住自己不被摔下马的骑姿,而无法顾及如何提前确认奔马飞驰的前行目标。或者说,熊彼特不相信两种人:一是满口承诺价格便宜的建筑师;二是只有简单解决方法的经济学家。

那时的维也纳,创新氛围浓郁,在艺术、文学和科学领域尤其吸引人。与此同时,还存在着一种扩展文学。他们当中有许多大家,诸如从西格

---

① 皇宫所在地及政要的办公地区,这里指奥匈帝国上层。译者注。

蒙德·弗罗伊德（Sigmund Freud）到路德维希·维特根斯坦因（Ludwig Wittgenstein），但只有恩斯特·马赫（Ernst Mach）凸显出来，因为他的《力学的发展》**是用历史的、批判的方式描写的**，这让人轻易就能分辨出来，他与熊彼特的学术爱好、历史爱好可谓并驾齐驱。其实更重要的一个共同的特征是，熊彼特在这个环境中收获了——他成为一名矛盾的、决裂的、怪异的思想家，其极端的表现是"创造性毁灭"。在1900年前后的奥地利那样一个环境里，作为一个年轻人，头脑必须清楚。

接下来的话题涉及的人物是斯特凡·茨威格（Stefan Zweig，1942，13f），这又是一个非常有争议的人物，他应该成为熊彼特日后的一大课题。茨威格写道：

> ……这一时期是国泰民安的黄金时代。我们延续近千年的哈布斯堡王朝呈现的是持久的祥和。法律已经在议会得到确认通过，每一项义务都做了严格限制。我们的货币——奥地利金币克朗——流通顺畅，也确保了它的稳定。每一个人都清楚，他拥有多少财产或者他赚了多少；什么是允许的，什么是禁止的。所有的一切都有标准、都有特定的度量衡。一个人拥有多少财富，就可以精确地计算出每年带来的利息。公务员、军官又有了可靠的收入，他们可以有章可循地晋升、退休。每个家庭有自己的开支预算，他们知道每年的住房、食品、夏季度假、交际应酬所需要的花费。此外还有一些不可预测的小笔开支，诸如看病就医的费用。……为了防止火灾和入室盗窃，人们为住房办理了财产保险；为了防止自然灾害而为农田里的庄稼保险；为防止车祸与生病参加医疗保险。……最后，工人们也组织起来，得到了正常的工资和医疗保险……

20 世纪 70 年代和 80 年代，人们在维也纳还会遇到哈布斯堡王朝时期的老兵，他们对斯特凡·茨威格一无所知（顺便说一下，斯特凡·茨威格 1881 年出生于富裕的犹太人纺织厂主家庭，是奥地利著名作家），但对那个黄金时代的一切熟记于心、如数家珍，他们反复强调的是令人满意、不断稳定提高的福利，特别有意思的是，他们却抱怨适度的税收负担。关于这点——就又得从茨威格说起——"更多的是出于习惯，而非信念"。前面提到的这些老兵，他们视税收为有史以来完全无法理解的过分要求，事实上，那个广泛平衡的王朝即将寿终正寝——为解决上述问题，帝国成立了一个专门的平衡机构，该机构吸收了一些学者，他们主张，根据惯例，宫廷剧院的赤字应由皇帝的私人金库弥补。

保险、核算、可持续发展，这是当时人们世界观的坐标，这个观念包含的意思是，不存在改朝换代的风险——政治变革，或者是现在人们耳熟能详的由熊彼特提出的著名概念：创造性毁灭。相当年轻的（1908 年，时年 25 岁）熊彼特适应了令人印象深刻的职位，他把茨威格所描述的那种平衡思想，用思维周密、区别对待的方式带入激进的怀疑一切的境地。这个批评成了他自己理论创新的杠杆。这样的批评得益于当年维也纳理智的宽容环境，在这里，从批评到毁灭、从创新到丑闻、从违反戒律到保留剧目统统包含。

维也纳大学的国民经济学

为了看清熊彼特批评的理论源头和起点，我们有必要进一步观察了解维也纳的经济学。卡尔·门格尔（Carl Menger，1840—1921）和他的门徒庞巴维克①（Eugen von Böhm-Bawerk，1851—1914），以及弗里德里希斯·封·维塞尔（Friedrich von Wieser，1851—1926）等奥地利的学者刮起了经济学蓬勃发展的旋风。毋庸置疑，在 20 世纪起初的三十多年时间里，维也纳大学和英美的少数大学在某些领域的研究是全世界最领先的。"国民经济学的奥地利学派"的代表人物们在与古斯塔夫·施莫勒（Gustav Schmoller）以及德国年轻的历史主义学派的**方法论争论**中，给了他们狠狠一击，并为他们的纯理论做了富有成效的辩护。这到底是个什么类型的"学派"呢？要回答这个问题完全可以写篇论文。"学派"内部最重要的代表人物之间争论的尖锐程度丝毫不比与对手们争论逊色。但我们不要忘记，批判性争论属于维也纳生活中的灵丹妙药，对熊彼特也是颇有影响。令人"烦恼"的是，他没有加入任何一个阵营，也绝对不想跟从任何一个学派去呼应他们的标语口号和信条，只有次等才智的人才会通过学派成员的资格去赢得他们对自己的认可。也正是缘于此，熊彼特能够对来自各方的挑战应对自如。奥地利学派的人称他为"肆无忌惮的人"（enfant terrible）并不是平白无故的。但就是奥地利学派的重量级人物也既不害怕也不关心思想对立的其他学派。在庞巴维克著名的课堂讨论班上，他们讨论马克思的学说。除了熊彼特和路德维希·封·米塞斯（Ludwig von Mises）外，后来著名的社会主义者埃米尔·勒德尔（Emil Lederer）、奥托·鲍尔（Otto Bauer）、鲁道夫·希尔夫丁（Rudolf Hilferding）都是该讨论课的常客。在维也纳的学者中，多元论思想占统治地位：欧根男爵（Eugen Freiherr von Philippovich）代表的是奥地利学派和历史学派，而在统计学家卡尔·伊拿马·封·斯特因艾格（Karl Inama von Sternegg）主持领导下，熊彼特撰写并出版了第一批著作，而这些著作又带有某种恰当方式的历史主义观点。

---

① 也译为：欧根·封·伯姆-巴维尔克。译者注。

与此同时,首先是门格尔和他的志同道合者们,他们不仅在德语国家,而且在国际上已经赢得了声誉和敬佩,使得维也纳成为全世界经济学家们向往的一个"圣地"。作为一名大学生,熊彼特遇见了所有的这些大师们。奥地利学派的无冕之王门格尔于1871年出版了极具影响的《国民经济学原理》。对于熊彼特来说,门格尔以大学教授的身份现身于课堂的时间比其弟子们要少得多——他于1903年就严格按规定腾出教授职位,因为他要为自己非婚生的儿子卡尔(数学家)晋升教授而让位。他的学说的基本原理与威廉·斯坦利·杰文斯(William Stanley Jevons)的《政治经济学原理》(1871)、里昂·瓦尔拉斯(Leon Walras)的《纯政治经济学要义》或者称为《社会财富论》(1874)一道构成所谓"边际效用价值说",或者更确切地说是边际主义,这些著作成为该理论的基础。人们有时也称其为新经典。门格尔教职的直接继任者是弗里德里希斯·封·维塞尔,著有《经济价值的起源及主要规律》(1884)以及《自然价值》(1889)。作为老师,维塞尔整整影响了奥地利学派两代人,正是他提出了"边际效用"概念。"边际效用"的意思是指在一定时间内消费者增加一个单位商品或服务所带来的新增效用,即总效用的增量。也就是说,在其他条件不变的情况下,随着消费者对某种物品消费量的增加,他从该物品连续增加的每一消费单位中所得到的满足程度称为边际效用。"边际效用递减规律"被长期视为有效的经济学原理。路德维希·封·米塞斯(1881—1973)和熊彼特一样,都是维塞尔的学生,他的研究纲要可归纳如下:边际效用原理是以简单的事实情况为出发点,"人们在生活中总是在各种可能中选择"。对米塞斯来说,交换学(Katallaktik)、定价是缘于交换形式的"交易"。由此,米塞斯于1920年推导出著名的论断:社会主义的计划经济不可能存在正确的经济计算,因为复杂万分的经济计算总是需要有特定的价格体系提供指导。埃瓦尔德·沙姆斯（Ewald Schams，1899—1955）是奥地利学派的第三代代表人物，他把边际效用原理用于一系列牛顿力学以及同时代人们对心脏功能的认识。他的论据是，中世纪的雨点和今天的雨点没有什么两样，心脏跳动也没有什么不同。"如果中世纪的人们没有理解边际效用规律，那么他们也不可能用其他方式贸易，就像边际效用规律所描绘的那样。"

　　说来有趣，熊彼特与老师维塞尔有许多令人印象深刻的相似之处。与老师一样，熊彼特也成为一名创造概念的文字铸造工，那些概念一直流传至今，甚至成为新式思想的坐标，例如**创造性毁灭**、**方法个人主义**。和维塞尔一样，熊彼特具有突出的历史视野，一旦发现能够说明均衡收益最大化的结论，就会在社会学领域变换其研究方向。与维塞尔一样，熊彼特是一名保守主义者，其经济自由主义思想方法的魅力在于，面对伤害、极限以及政治前提他都不盲从，这也决定了他与奥地利学派的某些争论者的对话变得敏锐。与此同时，维塞尔毫无疑问是早期混合经济（Mixed Economy，也可称为社会市场经济）的理论家。然而直到今天，熊彼特的信息——还有许多认真的读者涉及这个问题，就是他真正的主攻方向究竟在哪里——还是模糊不清的（这和伟大的亚当·斯密类似）。熊彼特的学生有很多，有一批人，特别是他的哈佛学生，先后从那些青年团队中脱颖而出不是偶然的，这也刻画了他作为一个男人充满神秘色彩的性格。

　　还有一个中心问题我们压根没有提及，就是他和维塞尔的亲近关系——在维塞尔的文章里我们"遇到"了一位演说家和他的特殊活动，这些活动的理念在后来的熊彼特身上得到了进一步发挥，他把**企业家**、**承包商**（Entrepreneur）推到了人们视野的中心位置，认为他们能把经济引向"新的彼岸"。维塞尔认为,企业家是有"英雄史诗般创造力的人物"。维塞尔晚年著作《强权的法律》(1926)概述了他的社会学观点,书中的一些概念,诸如领袖、群众、权力等,都起着中心作用。创造性进步时期的发展是"大人物"起举足轻重的作用,"法律只是个小数"。维塞尔依据这种均衡交替由"人大法小"变为"法大人小"。基于这种思考,维塞尔相信,社会经济学进化原理有必要补充到赫尔伯特·斯宾塞(1820—1903)的进化论理论中去。这样的思考在(19)世纪末(Fin-de-Siecle)的精英群体中广为传播——《精英理论》(Elite-Theorien)以及更高层级的《活力和创新作为创新的关键潜力》、马克斯·韦伯(Max Weber,1848—1920)谈论的"魅力领袖"、帕累托(Vilfredo Pareto,1848—1923)的"人才流动"以及哲学家亨利·伯格森(Henri Bergson,1859—1941)的"生命冲动",一波一波地推动着向前发展变化。伯格森是《创造进化论》(1907)的作者,他代表着所谓的**活力主义**。同一时期的熊彼特于 1913 年在纽约哥伦比亚大学担任客座教授。

我们超前了解到按时间顺序进程发生的事件了,也知晓了熊彼特那个时代的多层次、理智的、理论的、历史的时代背景,还有他那总是无法避免、变化多端的一生。他对老师维塞尔非常敬重,这一点我们理解。透过维塞尔毕生的巨著我们可以看出熊彼特宏大的研究计划,这个计划不仅显示出根本动机,而且也包含他不同理论分支中的推论、想法,以及与此并行的——他雄心勃勃的经济理论规划,总的来看,这些可归属于更广的社会学范畴。他视维也纳的老师(维塞尔)为最正宗的领头人,这点或许胜过门格尔。在维塞尔的理论大厦里,到处都散发着他的"精神财富",他发表的,其实已经对熊彼特讲述过了。关于熊彼特的著作我们后面同样会这样介绍:已知晓的创新组合,也许用创新的方式把不同的想法用其他方式表达出来,但不能没有深意,而且要考虑到比别人首次表述的想法确实有实际进步。

事实上，熊彼特就是运用**同义词新的排列组合**思路以达到语言表达上的**创新**。

　　生前身后在国际上都声誉显赫的庞巴维克应该排在第三位，他是维也纳大学最著名的经济学家之一。他和维塞尔自中学时代就建立了友情，后在维也纳大学攻读法律。与维塞尔一样，庞巴维克后来去了德国学习国际经济，特别是在海德堡大学与卡尔·克尼斯共事一年。1880 年，庞巴维克与维塞尔的妹妹鲍娜（Paula）结婚。同年，通过论文《国民经济商品理论的权利与关系》取得政治经济学教授资格。

　　取得教授资格后，他就非同寻常地立即被茵斯布鲁克大学聘为教授。庞巴维克的学术生涯在 1889—1904 年期间中断。在接受维也纳大学教授一职前，他更重要的工作是担任财政部长。维塞尔的财政部长职务（熊彼特也同样担任过这一职务）一直持续到 1914 年，也是他的亲密同行庞巴维克去世的那年。正如我们见到的那样，这并不意味着他们对那些重大问题的见解就一定相同，比如利息的来源、利息的高低、资本利润等这类问题。在茵斯布鲁克期间，庞巴维克出版了两卷巨著（magnum opus）《资本和资本利息》（*Kapital und Kapitalzins*），即 1884 年出版《资本利息原理的历史与批判》（*Geschichte und Kritik der Kapitalzins-Theorien*），1889 年《资本实证论》（*Positive Theorie des Kapitals*）。第一卷叙述的是自从有了经济思想起至今（1884 年）对利息和利润的诠释与批评，概述了自古希腊罗马时期学者和商业作者的思想开始，直至古典经济学家亚当·斯密（Adam Smith）、大卫·李嘉图（David Ricardo）、卡尔·马克思（Karl Marx）以及当年的社会主义者。这部理论历史巨著在广度和深度上可以和马克思的《剩余价值理论》相提并论。马克思的这部巨著应该是在 1905—1910 年由卡尔·考茨基

(Karl Kautzky)整理手稿而出版的。其实,与庞巴维克有关的首先是对马克思和社会主义文献的辩论,他想驳回社会主义者有关利息、利润是建立在剥削基础之上的论述。熊彼特也不愿意称庞巴维克为"资产阶级的马克思"。同样,对马克思来说,庞巴维克既是灵感,也是挑战。因为庞巴维克十分年轻(比马克思年轻 33 岁)且拥有令人难以置信的胆量(对于那些强加于其身的政治推论而言),甚至敢于驳回他老师的利息理论,为自己日后的实证资本主义活力理论铺平道路,使社会主义者对资本主义的批判失去依据。

直到今天,经济学家对庞巴维克的利息和利润两个观点仍然津津乐道:第一,所谓的"生产过程高度迂回化导致产能过剩";第二,当下对未来需求的高估。

庞巴维克的资本利息理论的发表,为熊彼特树立了一个"恐怖"的参照,有了这个可以检验自己理论的参照磨炼,就更容易使他羽翼丰满、努力地成长起来。1913 年,庞巴维克去世的前一年,熊彼特与从前的导师进行了一场著名的学术争论。正如熊彼特对利息理论的批判性思考那样可靠,有一点是明确的——折磨他的就是他的信念,谁想理解资本主义的活力,他就能够得到恰如其分的敬重,而不是依靠模型道具,因为模型的局限性和计算有许多可预见的相似,这就无异于前面提及的茨威格所描绘的图景。就庞巴维克来说,希望自己的论点能够走得更远,而将熊彼特的学说在整个国民经济学历史上标为"最大谬误"。他们的争论到此为止,熊彼特也不想继续,在庞巴维克去世的当年,他撰写了一篇 70 页的悼念文章,题目是《庞巴维克的科学巨著》(1914),文中充满了溢美敬佩之词。

3. 创新者的漫游时代

正如我们所知的那样，熊彼特在大学时代遇到了各色各样的老师，受到多种思潮的影响，例如历史主义、马克思、奥地利学派以及 19 世纪末欧洲中心主义的各种观点。尽管维也纳有足够好的条件提供给他，但在取得博士学位后的 1906 年，他就按照贵族游学的模式，到外面的世界去看看。起初，他到了柏林，他到古斯塔夫·施莫勒的研讨班上听课，结识了维尔讷·佐姆巴特（Werner Sombart），接着又到巴黎的索邦大学逗留了一段时间。和奥地利其他知识界一样，熊彼特对盎格鲁-萨克森的国家机构体系以及知识界的传统格外推崇。于是，他移居伦敦一年，在大不列颠博物馆学习钻研美国的专业文献。他从事学术的地点主要在伦敦经济学院（London School of Economics），但他同时又到律师事务所深造法学知识。这个具有自知之明的年轻学者当然不会错过与他那个时代最著名的经济学家会面的机会。为了能与飞利浦·维克斯迪德（Philipp Wicksteed）、佛兰西斯·埃奇沃斯（Francis Edgeworth）、艾尔佛雷德·马歇尔（Alfred Marshall）面对面交流，他跑到牛津大学和剑桥大学。这些丰富的课程也没有满足这个年轻人游学的求知欲。关于他的一句名言是这样说的："他的一生有三个目标：做世界上最伟大的经济学家、维也纳最受欢迎的情人和奥地利最棒的骑手（他实现了其中的前两项）。"这就很容易理解他在英国不光是钻研学习，他还弄了匹马在海德公园溜达，有时周末会参加社交晚会或者其他聚会。这点他十分老到，知道如何引人注目、如何使人印象深刻，这一套他有天赋且不知疲倦。其实，现实生活中，他一辈子都勤勤恳恳，这已经成为他的习惯。平时在日记里，他不断审视自己的效率和生活方式，充满了自责。

在英国,他与女性的交往也不限于短暂的私通。他的大学时期,在维也纳,私通对于时髦的上尉和其他漂亮的家伙们来说并不是难听的词汇。1907 年,他还不到 25 岁就结婚了,娶了 36 岁的格拉迪斯·理查德·西弗(Gladys Ricarde Seaver)。格拉迪斯的父亲是英国高教会派地位很高的众议院议员,她本人以漂亮和敢于冒险著称,但促成熊彼特这一令人惊讶的决定的应该是英国上层社会的生活方式、绅士风度和价值观。眼下的当务之急毕竟是生计问题。于是,这对年轻的夫妇移居开罗,在英国-埃及法院(法院的一个律师事务所)担任法官。在开罗将近一年的时间里,他的经济收入得到极大满足,此外,他还担任埃及公主的金融代理,为其从事大宗金融交易并获得了丰厚回报。就像他在其他地方生活一样,在开罗也少不了他的名人轶事:一个自称酋长的当地人威胁他,要对他采取鞭笞刑罚,原因是他催逼一个穆斯林教徒付利息。

熊彼特利用在埃及的这段时间完成了他的第一部 600 多页的巨著《理论经济学的本质与内容》(1908)。处女作就用这样的书名足以见得一个 25 岁年轻人的自信。

这部很有抱负的著作还不足以使他取得完全成功,但他由此被视为维也纳业内的一名勇于开拓、奋发向上的后起之秀,同时也被视为敢于挑战的学者。凭借这部著作熊彼特取得了教授资格。像其他人一样,熊彼特也让维塞尔对该书做出批判性评价,结果是《理论经济学的本质与内容》取得令人瞩目的成绩,其成就在于,书中已经对他以后的著述提出了承载动机,有的部分是用精辟而挑剔的措辞表述的。作为社会科学家,纵观他的发展历程,可以归纳出以下最重要的三个观点:

1. 对经济学所有的激情表述完全都是独立的纯科学,它超然于政治学、心理学和玄学。

2. 某些局限的评价，即被视为熊彼特迄今为止经济学方面的主要成就的新古典静态均衡理论。相对他的经济学论述，均衡理论只是必备的序曲，他真正感兴趣的是进化、活力、奋斗以及推动前进的创新力量。

3. 将历史经验教训综合运用于经济学中，以自然科学现代化为导向目标，专业上采用量的办法。年轻的熊彼特已经掌握了相应的钥匙去解决专业进步方面学术科目问题。

所有这一切都要经过各种途径检验——熊彼特本人也无意走在"不仅……而且……"这类忸怩作态的"金色中间道路"上。毫无疑问，"精确"经济学属于未来（这点上，年轻的熊彼特已不同于门格尔以及数学方法，因为当时的经济学界的大人物们都熟悉数量经济）。与此同时，熊彼特在《理论经济学的本质与内容》一书中用实例证明了经济理论不能用数学模型来阐述，这在他的全集中也有同样的论述。

取得教授资格后，他被切尔诺维茨大学聘任为杰出教授。切尔诺维茨是没落的奥匈帝国一个省（布库维纳省）的首府，这样称呼似乎有点矛盾，这里的居民混居，犹太人、布库维纳德国人、鲁提尼人（居住在这一地区的乌克兰人）、罗马尼亚人、波兰人、胡祖伦人（Huzulen）使得这里充满了异国情调。在熊彼特来此的前后几年，埃尔文·查戈夫（Erwin Chargaff，1905—2002，生物学家）、保罗·策兰（Paul Celan，1920—1970，著名诗人）相继出生于此城，他所在大学的校长欧根·艾尔里希是非常著名的法学理论家。这个城市涌现了许多优秀儿女（如女诗人罗斯），他们已经隐约地感觉到，奥匈帝国这个多元化的城市里充溢着民粹主义的狭隘，同时也意识到，民族清洗已为时不远。熊彼特认为，第一次世界大战就要爆发了。在切尔诺维茨期间，坊间流传着关于他的传说：他非常高调，一次在系里开会，他居然穿着马靴到场；另一次，他和图书管理员决斗，因为他发现，图书馆的书籍居然不能满足他的学生。在与格拉迪斯的合法婚姻被公开后，他在切尔诺维茨的情场就收敛了许多。

这并不是说，熊彼特在此荒废了他的核心任务，在各色各样的关系中他一直很清楚自己该怎么做，在生活中、在学问里，他都是一个个性鲜明的男人：这边是有尺度的轻松草率，那边却是庄重严肃；这边是他对表演的效果从来不关心，那边是难度很大的理论设计师、作者，就像逆水行舟奔向目标。就像后来，他义无反顾地潜心研究他的学说，甚至研究当地民众喜爱的科学活动。尤其值得指出的是，他在奥匈帝国最边远的一隅，废寝忘食，潜心著书，收到了自己预期的成果，部分在《理论经济学的本质与内容》一书中已有一些论述。还不到 30 岁，关于他的科学创造力已经达到顶峰的说法就令人印象深刻，这也是常被人们引证的名言。无论怎么说，1912 年出版的《经济发展理论》被许多人视为他最重要的经济学理论著作，后来他又对该书进行重要修订并翻译成各种文字再版。在这部著作中，他详细阐述了静态、动态、企业主的架构模式，他是当时罕见的超前思想家，他叙述的大多数问题是我们今天这个时代所面临的。我们正经历着这样的一个时代，信息技术、自由市场、后共产主义的变革过程，这些都助推了全球化视野下的创业浪潮。

上述这些是他后来的成果，因为他生活的那个时代灾难事件频发，这些自由保守党人弄出的闹剧其实是人类文明的危机：两次世界大战、两种野蛮的集权主义制度、世界经济危机。如同前奏，熊彼特对奥匈帝国旧体制的分崩离析、传统以及繁文缛节了然于心,对新世界未来的各种可能也已心中有数。帝国脆弱的平衡和矛盾是个挑战,精英官员们能够或者必须经受考验,他们超然于党派之上,务实从事自己的工作。因此,熊彼特属于在各方面强调创新的奥地利科学家,科学家们对纯科学理想的期望是——开明的精英官员为共同的目标而奋斗。在那个庞大的、命运前途未卜的奥匈帝国,教授们的职责是**作为官员和科学家**从事自己的工作,就像他的老师庞巴维克那样当上财政部长,后来熊彼特自己也当了这个部长。他投入了大量精力和热情试图拯救奥匈帝国,但收效甚微,有关情况在后面会有所介绍。

4. 20世纪攸关命运的十年——格拉茨大学

待在切尔诺维茨的时间持续得并不太久,熊彼特接替格拉茨大学(Karl-Franzens-Universität Graz)法律与政治系教授理查德·希尔德布兰特(Richard Hildebrand)教授职位一事就已悄悄进行。理查德·希尔德布兰特是保守的历史主义学派的代表人物,他是这个学派更重要人物布鲁诺·希尔德布兰特(Bruno Hildebrand)的儿子。有关他们的内容熊彼特在后来的著作《经济分析史》一书中有相当尖锐的表述。事实上,要求熊彼特到格拉茨大学的呼声不绝于耳,在理查德·希尔德布兰特领导下系里搞了个少数人的投票表决,决定了一个三人名单,这就无意中将熊彼特卷入纷争之中。可以想象,理查德·希尔德布兰特十分痛苦,在这场反对熊彼特的争论中,他在晚辈面前大失脸面。事情最后的决定是由维也纳的教育部做出的,主要原因在于希尔德布兰特的三人名单不合庞巴维克的胃口,庞氏掌握着最高的人事权,他在当年研讨班的课堂上就清楚熊彼特的创造性思维,这个青年才俊现在漂流在维也纳以东 1000 公里外的布库维纳省,那里与大都会维也纳的发展状况有天壤之别。总而言之,1911 年,按照最高层的决定,熊彼特来到格拉茨大学任教授。格拉茨大学是奥匈帝国排名第二的大学(仅次于维也纳大学),这里绝不是学术的闭塞地(Backwater),总是聚集着非常杰出的学者。熊彼特置身于这里,有两个问题困扰着新来乍到的他:其一,格拉茨有一个德意志民族大学生联合会,他们依托大学搞群众斗争,有一定的行动自由,而这些是获得当时的校方批准的;其二,这也许是在希尔德布兰特领导下的某种例行公事——对经济学专业的学生在法律课程方面没有难度的要求。熊彼特表现出对这种水平的不满,由此可以推断,他"对德意志民族啤酒屋鬼话缺少同情"①(这是他针对格拉茨环境的特定说法),这种不满就可以很容易地理解。按此逻辑推断的结果就是:针对熊彼特过高的要求,学生们发动了抵制考试的活动,这件事闹腾得校方甚至施泰尔州(Steyr)都穷于应付。

这场闹剧使得熊彼特显得有些被孤立,这个他度过小学时代的城市却让他和妻子感觉"水土不服"了。他外出打猎和滑雪,宣泄心头的不快。他的对手绝对不会让位给他,于是他跟学校(1916—1917 年熊彼特任系主任)想出了一个权宜之计:先到美国纽约的哥伦比亚大学担任短期客座教授。这一决定被称为"奥地利最令人愉快的事情"。1913 年,他取道英国乘船赴纽约履职。妻子格拉迪斯抵达英国后就再也不愿意回格拉茨了。

一踏上美国,这片土地就深深地吸引了他:既有那些闻所未闻的经历,也有建立在企业家活力基础上的繁荣,更有美国经济学的发达,他预言,未

---

① 德国人喜欢在啤酒馆喝酒、聊天,这里指酒后说的话不能相信,熊彼特称之为鬼话。译者注。

来的美国会在世界范围内起到领导作用。在《昨天的世界》里，熊彼特早早
就预言强调，20 世纪是美国的世纪。他和那些专业方面的大师们有非常好
的谈话基础，如 J. B. 克拉克（John Bates Clark，1847—1938）、欧文·费雪
（Irving Fisher，1867—1947）以及正在走红的经济学家如米切尔（Wesley
Clair Mitchell，1874—1948）。他和哈佛大学的弗兰克·陶希格（Frank
Taussig，1859—1940）相遇相知并建立起长久的友情，这对他后来的研究有
着很大帮助，受益匪浅。尊重绝对是努力的结果：他的授课富有成效，在他
到达哥伦比亚大学不久，就被授予名誉博士学位。

返回格拉茨大学的计划因第一次世界大战的爆发而投下了阴影。熊彼
特的情况相当特殊，按照当时的情势和他的婚姻关系人们很容易推断熊彼
特有亲英的倾向，其实他是反对西方列强之间的战争的。当然，别人的这
种想法可以理解，确实存在着多重原因：他的妻子是英国人（她在英国逗
留，通信很困难，战争爆发后就音信全无了）、他对德意志帝国统治的疑虑
以及对奥匈帝国即将终结的思考。此外，他还有一种倾向，认为这场战争
闹剧早晚将以世界末日般的悲剧收场。到第二次世界大战时，他还是这
样的观点，他在美国因反对罗斯福总统针对法西斯轴心国的战争而日益
感受到孤立。

熊彼特在格拉茨时接到了要他参军的征兵令。这位格拉茨大学唯一的
一名经济学教授（此时正潜心做学问）终因无人能够替代而免除了服兵役。
随着战争的进程加快，越来越多的事实印证了他的悲观预测，他决定利用在
维也纳的老关系［特别是宪法法院大法官海因里希·兰马希（Heinrich
Lammasch），1918 年 10—11 月担任过奥匈帝国的最后一任首相］，共同为

拯救这个老朽的帝国而出把力。他在1916—1917年提交了3份详细的研究报告,特别是战争对奥匈帝国带来的危害、战争对德意志-普鲁士的统治带来的危害、战争的灾难性后果,他对美国参战的可能性、对美国潜艇部队的加入对战争的影响、对单方面和平的可能性都做了仔细分析。这些报告展现了熊彼特非凡的判断力,他的担忧不无道理,在奥地利德语区精英们的头脑里,尼伯龙根忠诚(德意志民族的一个传说)在其军事联盟中和德国的德意志民族主义已然成为主流。相反,在格拉茨大学那些毛头小伙子们眼里,他已经不受欢迎是尽人皆知。此时的民族政策迫切需要平衡机制,倘若这样发展下去后果将不堪设想。在这件事上,熊彼特非常关切波兰人、南斯拉夫人,特别是捷克人。出于政治和经济方面的原因他发文猛烈抨击德意志帝国的关税联盟,就此事而言,他所表明的反对态度不只是为自由贸易商人讲话,更不是仅仅为了某一商品的价格问题。熊彼特的政治热情偶尔也被认为是天真的,这个不能归入他通常聪明的思考才能。这种天真使人感到在战争的暴风骤雨中这位特蕾西亚公学的毕业生那坚如磐石的态度:奥匈帝国的重大问题应该用政治方式解决,这个方式是建立在两个条件之上,一是开明的官员精英,二是官员精英须有高超的理智与卓越的判断能力。对于他的这种内省、中性的谨慎与相关性的表述,可以纵观一下他辉煌的一生和他的全部著作,这个备忘录(研究报告)给人印象最深。他在这里讲的这些,并不是大胆打出王牌而博得点数,而是一个在秩序里的忠诚臣民的正常表现,不是吸引人眼球的二选一。

这份政治热情带来唯一明显的结果就是他从此要经常乘3个小时的火车从格拉茨经过塞梅林关口(Semmering,位于维也纳和格拉茨的中间)到维也纳去。在政治方面他成为维也纳独树一帜且有影响的人物,他认为自己的角色绝不是幕后的顾问，而是等待着维也纳政府保守派的某个职位，这个信息在他的研究报告中其实已经有所表露。在保守派中有时他会被视为摆架子的家伙，但超越这个圈子就可以发现，无论如何他都算得上同时代人里一位辉煌的人物，他具有杰出的判断力和活跃的思维，这使他能够像个男子汉大丈夫那样应对非凡的挑战。

不久，他就如愿以偿地得到了那个具有十足的政治影响力的职位，这是他梦寐以求的。不过，这个职位并不是拯救奥匈帝国的保守政府提供的，而是社会民主党占多数的战后联合政府提供的。他的这次升迁通常被理解为投机行为。如果我们将他的经济、社会、政治方面的观点综合起来，他的全集（著作）中有关章节以及他给政府所写的研究报告可以清楚看出，那是以"为保守党政府服务"为宗旨的。综上所述，称他是投机的评价显然有失偏颇。熊彼特无疑是一名持自由主义思想的保守党，他的一生中从不缺少对资本主义的尊重，他也秉持资产阶级的生活准则和生活方式。不过，他的那种尊重与生活准则还没有上升到宗教信仰的程度。相反，他有时也抱怨保守主义的自我满足和教条主义的自我限制。他不仅对严肃认真心存敬畏，而且对他敬重的社会主义者同样心存敬畏，那些社会主义者睿智地站在了那个时代的高处。

如此，我们得出的结论就是——熊彼特的升迁似乎让人觉得他是机会主义者，其实那是经过保守党要员们（诸如鲍尔、希尔费丁和勒德尔）的同意而做了交换，这个交换早在庞巴维克研讨课上就已露出端倪。

这样，我们就要注意到具体的方面了：当然，他个人和社会主义者的结识对他的政治生涯无疑是重要的，他并不惧怕接触那些他所认为的智慧的社会主义者，这可要追溯到他在上大学时曾参加研讨班学习来加深和接近马克思思想。1918 年 5 月 5 日，为纪念马克思 100 周年诞辰，他特意在格拉茨日报上发文《工人的愿望》阐明这样的观点："他（马克思）的经济理论是他的社会理论的一部分，也就是说，他的社会理论伴随着他的经济理论研究的每一个前进的步伐。因此，他的著作成了一部包罗万象的社会学方面的理论集成。"这一观念与社会科学的高度同一性与他自己的研究规划密不可分——他的社会经济发展理论。那个"资产阶级马克思"——他无疑是这样认为的——是个独一无二的人物。从时间上来看，这篇文章并不能视为向即将上台的社会主义者的投机谄媚：1918 年 5 月初，奥匈帝国的分崩离析还没有明朗，而在此前几个月里，德意志-奥匈帝国的军队曾把意大利的前线部队打得落花流水，德奥军队正占领着皮亚韦另一边威尼托的桥头堡阵地。

5. 失去的年代？　政治家与银行家

对于熊彼特来说，他的第一个政治角色是柏林革命后的政府聘任的。1919 年 1 月中旬，他踏上去柏林的旅程，准备到卡尔·考茨基领导的社会化委员会组织任职，解决煤矿的社会化采矿问题。而他的老熟人鲁道夫·希尔夫丁（Rudolf Hilferding）和埃米尔·勒德尔（Emil Lederer）也在这个委员会工作。熊彼特参与的本意是以实用的建议使得公共法人获得收益。他的任务是在社会化委员会介绍来的文件上最终签字。不久，他处于这样一种状况：1919 年 3 月他被委任为奥地利财政部长，因此免除了他的格拉茨大学教授一职，结果财政部长职务仅担任至 1919—1920 年冬季学期末，于是，1920 年他到格拉茨大学再次短期走上教授岗位，1920 年 5 月，学校重新提供了为期一年、不付薪金的教职岗位，这是他最后一次迁居到格拉茨。他在财政部长的职位上仅待了 7 个月,尽管如此短暂,他依然努力推进合并计划①以及中期经济复苏愿景规划。其实早在 1918 年,他就在短评《国家税收的危机》一文里从历史和理论的角度阐述了这类问题并进行了反思。此外,他不仅是当时客观困难形势下的牺牲品,也是过高评价他的政治战略的可能性以及能力的牺牲品。另外,为了拯救摇摇欲坠的帝国保守政府内阁,他做了许多的疏通工作,建议采用赤字这一财政政策,后来,这个消息被传得沸沸扬扬。而他究竟是怎么被视为特别圆滑的财政领头人的呢? 是因为别人感觉到,他不忠诚、有诡计,或者干脆就认为他是一名善于雄辩的格拉茨大学教授? 他可是还不到 40 岁啊! 相互倾轧的产生很大程度上是由于推波助澜。熊彼特拒绝了这种不理智的行为,停止纠缠,这对德奥政治上的结合有利,他明白,在社会化问题上,尤其要根据在圣日耳曼的战后和谈中奥地利的处境而定。熊彼特用他的对比方式作出乐观的推断,认为战胜国必然在几年之内对残剩的奥地利进行整顿。可以预见,那些和平条约中所强调的条件,对奥地利的权力和经济将是致命的。根据熊彼特所担任的角色和他自己的深思熟虑,他的目的是,把奥地利变成吸引外国资本的金融中心,他设想把多瑙河沿岸国家变为一个经济联盟体。可惜他的后一个设想在当时的情况下,对那些刚刚脱离了奥匈帝国的国家来说,完全是一厢情愿。

在接下来的时间里,熊彼特结束了以上糟糕的情况,与之前的情况不同的是,他担任了(私立)比德曼银行的行长,这一职务后来给他造成了巨大的经济损失。这个故事得从他涉足政坛说起,以他在政治圈子内的关系网去从事普通市民的业务,两者结合无疑是有益的。1920 年,社会民主党人(起

---

① 这里指财政计划,译者注。

初在形式上是社会-基督教联盟的少数政府)本来应该从那以后执政第一共和国,结果被排斥出政府,于是就组建了由社会-基督教人员以及德意志民族人士组成的"市民联盟"。在这新的形势下,熊彼特和其他一些亲近的人退出了政坛。1920—1921年的那个冬季,这位名流获得了进入银行的许可。有了这个许可,熊彼特就着手研究如何使这家传统的私立银行在1921年就能够成为股份制,并能够重整旗鼓、发扬光大。熊彼特担任行长,待遇丰厚,持有大宗股份。他有银行的经济背景,运用确定私人税金的规则获取高额利润,他在维也纳股票市场投机获利直至1924年崩盘为止。熊彼特名义上是行长,但他很少参与实际控制银行运作的权力机制,有关此事的好坏,还是留给后人去评说吧。无论如何,他并没有直接卷入到那场银行与党派之间错综复杂且令人诟病的丑闻中去。他的灾难一方面是他的股票大幅度缩水,另一方面是他被当年特蕾西亚公学的同学所骗,为之做了商业担保而受连累。1924年,在银行上层的压力下,他辞去行长一职,经济上也破产了。这之后,苦日子他还要过几个年头,不过,在努力争取下,他最终收回了一部分欠他的债务,再加上他去做高额报酬的讲座报告和发表文章、出版图书,经济状况终于有了好转。

1926年,比德曼银行停业。我们不想判定当时所有存在问题的银行交易参与者都负有责任,但很容易想象的是,那些所谓无所不知的外行人的利益在那样的环境下必定会遭受发战争财的投机商人、政治集团的损害。若从他一生的表现来看,在维也纳"狂暴的二十年代"不属于他的黄金时代。在此期间,他玩世不恭,摆出一副绅士的派头,衣着光鲜,与女人私通,不断变换情人,包括那些他能够资助得起的半上流社会的女人。

6. 短暂的莱茵田园生活

熊彼特并没有完全挥霍浪费掉维也纳"狂暴的二十年代",他寻找到了他一生的最爱:安妮·赖辛格尔(Annie Reisinger),一个比他年轻 20 岁的姑娘。她是熊彼特母亲房东的女儿,在她很小的时候他们就认识了。她的外表美丽动人,从她的日记中我们了解到,这是一位自信、时髦,让人有好感的姑娘。早在熊彼特在维也纳担任财政部长时他们就开始了交往,但确定情人关系是 1925 年的事。这时候,他短暂的银行业生涯在一场金融灾难中结束。感谢他的朋友古斯塔夫·施托普尔(Gustav Stolper),这位《奥地利经济学人》的出版商,从 1926 年起他又出任《德国经济学人》的出版商。此外还要感谢阿图尔·施皮特霍夫(Arthur Spiethoff,著名的经济理论家,当时正好在波恩大学①担任教授),是他努力争取把熊彼特拉回到科学世界。熊彼特被聘任为波恩大学经济学教授,同时,他和安妮浪漫的情侣关系逐渐固定下来,并于 1925 年 11 月正式结婚。著名法学理论家汉斯·凯尔森(Hans Kelsen),这位曾经极力聘请熊彼特到格拉茨大学任教的大牌学者担任了他们的证婚人。他们的结合没有得到熊彼特母亲的完全同意,这让这对年轻人的幸福蒙上了阴影。还有他那捉摸不透、法律意义上仍然存在的第一段婚姻:格拉迪斯是合法妻子,他们还没有离婚,当她得悉这一消息后,寄来"火药味"十足的信件,提出了相当苛刻的要求。这个不快的小插曲因迁居波恩新居的喜庆气氛慢慢被冲淡,他们在波恩的莱茵河畔住进了一栋十分漂亮的别墅。很快,熊彼特就在波恩大学的同行中游刃有余,与大家相处融

①　波恩位于德国中部的莱茵河畔,距科隆仅 30 公里。第二次世界大战后的 50 多年里曾作为西德的首都。译者注。

洽、打成一片。

和在格拉茨不同的是，这里的学术生涯一开始就充满了希望。他的学识为他赢得了名誉，这不仅是因为他高超而独特的讲课方式，还因为他讲授的新理论和新内容。根据他的学生埃里希·施奈德（Erich Schneider）的说法，波恩大学成了吸引年青学子追求新理论的殿堂，这要归功于熊彼特。即使是某些临时的专题讲座中，他也不会漏掉讲授数量经济学。尽管他的理论方向完全不是数量经济学，但他很早就清楚，用数学的方法研究经济学具有无法替代的价值和作用。熊彼特对数量经济学研究的战略意义具有卓越的超前意识和感知能力，为此，他们于 1930 年创立了**计量经济协会**（Econometric Society），由此亦可看出，他对这个学科的认知是多么深刻和重视。他和欧文·费雪（Irving Fisher）、拉格纳·弗里施（Ragnar Frisch）共同创建的这个由经济学人组成的重要的国际协会，在《计量经济学》（*Econometrica*）杂志创刊号上，发表了纲领性导论文章，以示对该刊物的支持。

熊彼特在数量经济方面几无建树，因而他热衷于这一领域的热情常常被视为可有可无。事实上，他所处的高度显然不仅仅是高瞻远瞩，而且是从更深的层次去理解在现代科学管理的条件下如何揭示社会经济理论的构成。在这个方面，熊彼特完全可以和亚当·斯密（Adam Smith）相媲美。斯密当时就把牛顿的物理学视为现代科学的化身，而且，他也指出了经济学不同的专业方向。斯密还持有这样的观点：经济学属于社会学，但永远都不能局限于某种简单的形式，特别是理论编排上用来自历史的直观教具作为指导；倘若我们对经济原动力的历史逻辑没有正确理解，那就会步入危险的怪圈，完全可能会把微不足道的经济模式当作思想内容丰富的经济学加以研究。

对于形式化定量方法（formal-quantitative Methoden）熊彼特同样拥有战略性辩护词。关于他有个绝妙的比喻：他是摩西，他已见到数量经济这片美丽的土地，但从不以研究者的身份踏入这个领域。实际上，在熊彼特的研究生涯中，他始终密切跟踪社会经济学理论的构建。他强调社会科学的同一性。经济史和思想史是他的理论构成的重要资源。这个资源并没有什么魔法，但确实是最好、最有可能保护作为学者的我们避免成为我们自己意识形态的牺牲品的工具。这是因为，意识形态不可避免地会对某些分析观点预设立场，然后将此带入理论，再花许多精力去证明研究者的偏见而不是去寻找我们所要的真理。

当然，所有这些与我们的想象不会一致，经济学只不过是形式化定量方法的"工具箱"（Toolbox）。然而，从专业发展来看，形式化定量方法的作用越来越重要，他像预言家一样以其独特的表达方式说出了数量经济这一概念。他应该是说对了，尽管经济科学没有错，但熊彼特也十分认真地对此作出推断，通过经济史和思想史的研究能够抵制片面地预设分析立场这一弊端。

还是回到波恩吧，一个教授在美丽的莱茵河畔的田园牧歌式的生活能如何呢？不久，熊彼特人生最大的灾难悄然而至：1926年6月，他亲爱的母亲约翰娜在维也纳去世。同年8月初，他一生的最爱安妮早产，母子双亡。接连的打击几乎使他崩溃。安慰的信件纷至沓来，表达深切的哀悼和追思。从此以后，在祭祀母子二人时，他都用自己的方式与他们对话。

为了逃避不幸的悲伤，他一头埋进科研工作，着手修订新版《经济发展理论》一书，同时，开始着手将这一巨著翻译成英文。为此，他与好友、哈佛大学的经济学家弗兰克·陶希格（Frank Taussig）取得了联系，他们俩都与奥匈帝国有着渊源（陶希格的父亲1846年从捷克迁居美国），他俩的学术观点也有许多共同之处。1927 年,陶希格成功地将熊彼特邀请到哈佛大学担任客座教授。直到 1932 年最后确定到哈佛任教,他每年都会来此客居一段时间。哈佛现今的国际声誉其实直到熊彼特时代（20 世纪 30 年代）才获得。不过,他在波恩的几年留下了令人瞩目的足迹,培养了一批优秀人才:埃里希·施奈德（Erich Schneider）、汉斯·辛格尔（Hans Singer）、沃尔夫冈·施托普尔（Wolfgang Stolper）、奥古斯特·勒施（August Lösch）、克莱娥·蒂施（Cläre Tisch,女,犹太人,1941 年被谋杀）都是他的得意门生。1931 年,他开启了富有成效的日本之旅,开始与这个国家的同行们接触联系。这一时期,他首先发表了一系列有显著影响的时事评论文章。此外,他在《经济学杂志》(1928 年)发表了《资本主义的不稳定性》,他在文中多次主张对资本主义的不稳定问题实行有序的管理。他在后期的著作中预见性地认识到此类问题并发表了《资本主义、社会主义与民主》,阐述了他的思想。资本主义恰好成功地解放了生产力,同时又能扮演限制竞争和限制私营企业主的角色。所有这些都为巨型经济体创造了条件,在这个舞台上,创新进程就会形成井井有条、自动而必然的运行体系。

7. 凯恩斯的十年：失败与挫折

熊彼特极力争取重返学术生涯后,一开始的两个大项目并不顺利;是的,他竭尽全力从事着这些巨大工程,但却收效甚微。他开展的无论是《货币论》还是可以视为现代经济学的《经济周期循环论》[①]都没有引起足够的反响,这与他的期望相差甚远。就是后来的新生代也没有根本改变这个判

---

① 也称商业周期理论。译者注。

断。特别令他感到挫败的是关于货币理论的大部头巨著,他呕心沥血多年,结果凯恩斯抢在他之前发表了两卷本的《货币论》(*Treatise on Money*,1930)。得知这一消息后,熊彼特的心情可以想象得到是多么的苦涩!他想将手稿付之一炬,但与亚当·斯密有所不同的是,他没有将此付诸行动。

　　熊彼特的痛苦在他关于凯恩斯的第二部代表作《就业、利息与货币通论》(*General Theory of Employment*,*Interest and Money*,1936)的书评中可以看出。他略含嫉妒的评价一点也不公正,这也成为他的一些学生**著名的争论**的开始。无论如何看这个现象都是有趣的:熊彼特在凯恩斯的货币利息理论中找到了有用的东西——他在凯恩斯的书中看到了自己长期以来的研究所归纳的那些理论!事实上,在20世纪80年代,当人们谈及熊彼特复兴时,总是在时间上把他和凯恩斯分开来(尽管他们是同时代的),这样做是对的,他们俩之间的这种平行关系没有被忽视。这两位20世纪的伟大的经济学家都持有这样的观点:投资总额取决于储蓄(平均值)的供应,可通过主导利率并依据储蓄者放弃消费的(储蓄)总额来规划财政预算,但是,关系到未来导向的企业贸易则通过投资起到关键的作用(创新=投资)。

　　然而,根据熊彼特大规模的尝试,将经济周期理论在历史经验的基础上用一种新的、精确科学的方法进行论证,结果并不令人满意。更确切地说,1939年,他出版了1000多页的长篇巨著《经济周期循环论》。这一理论在同行中早前就已经被接受了,因此人们今天并不会把该部巨著视为具有划时代的意义,他原本也没有这个奢望。熊彼特在他大力推动的数量分析方面存在着部分失误,他的这一理论在总的设计方面无法令人信服。他试图证明在"长期"技术条件下(蒸汽机、铁路、电气化)会存在着某个高潮,而这个时期又是由中短周期循环叠加形成。毫无疑问,这是采用所谓的**通用技术**(*General Purpose Technologies*)对经济产生作用的分析方法,可以肯定的是,这种方法恰如蒸汽机对经济发展所起的作用一样有意思。鉴于经济循环的内在原因,熊彼特所推崇的那些条件应该起不到那样大的作用。

8. 哈佛: 新世界的矛盾心理——老人心中的阴影

1932 年,熊彼特在生活的道路上出现了几次坎坷——如同后来证实的那样,他到了大西洋的彼岸,接受了哈佛大学的聘用,此前不久,他的哈佛好友弗兰克·陶希格(Frank Taussig)妻子去世,陶希格的英式新寓所里正好有一间房子空着,于是,熊彼特就搬了进去。在此期间,熊彼特始终没有停止对在波恩的好友们的资助,在他逗留国外时,他对在波恩的秘书米雅(Mia Stoeckel)给予了很多物质支持,诸如家里实用的家具等物品。米雅为他料理逝去的妻子安妮的坟墓。1928 年,他与米雅由朋友关系发展为男女情人,到 1932 年,他仍然保持着与她定期的书信往来,书信中逐渐增多了令人忧心的政治话题。1935 年,他回了趟欧洲,和米雅进行了一次欧洲范围内的长距离汽车旅行。即使是后来,他也仍然与米雅及其家人保持着联系,并且在物质上给予很大帮助(就像资助安妮家一样)。如是,熊彼特表明了他的家庭意识观念。如此的观念与他的家族几乎毫无关联(除了他的母亲外,他与家族的其他人几乎毫无往来),与此相反,他对自己认同的家庭成员则是另外一番做法。

在世界历史的进程中,熊彼特赶上了哈佛大学这一趟车。此时的德国,纳粹上台掌握了政权,犹太人、左翼人文社会学者陷入受压迫与惊恐之中,有的人甚至于失去在大学的教职。熊彼特的朋友古斯塔夫·施托普尔(Gustav Stolper)是个犹太人,因公开批评纳粹,不得不于 1933 年 4 月放弃

"德国经济学家"这一职位。熊彼特厌恶德意志民族主义的思想与生俱来，这与他的奥匈帝国的贵族身份密不可分。他和同时代的许多人一样，低估了纳粹掌权的危害性、低估了纳粹危害文明的严重后果。然而，这些并不妨碍他迅速做出决定，致力于将德国的同事营救到美国。米雅起初对纳粹还抱有一点点同情心，于 1933 年去信劝告熊彼特，叫他不要跑得太远，但很快她开始担忧，这样持续下去的话，他们所商量讨论的关于 5 年后结束哈佛的工作回到德国能否成行，他们已有预感，极有可能回德国的路已经断了。他们频繁的书信往来一直没有中断。米雅 1936 年与一位南斯拉夫的经济学家结婚，并随其移居至诺维萨德(Novi Sad)。1942 年，南斯拉夫展开了一场大规模清洗运动，一支代号霍尔蒂的军队（Horthy-Truppen）奉命谋杀犹太人和可能的反对派，米雅夫妇在南斯拉夫的一列中转车上被轴心国的军队杀害，来看望她的姐姐也未能幸免于难。

　　现在让我们再回到马萨诸塞州的剑桥①吧，在弗兰克·陶希格的帮助下，熊彼特获得了一份待遇优厚的合同。1935 年，他还清了维也纳的欠债。接着，他就开始以其闻名的风格、极大的热情投身于教学与学术中。这一时期他取得了惊人的成就：著名的学生有肯尼斯·博尔丁（Kenneth Boulding）、尼古拉斯·乔治斯库-吕根（Nicholas Georgescu-Roegen）、约翰·加尔布雷思（John K. Galbraith）、理查德·古德温（Richard Goodwin）、海曼·明斯基（Hyman Minsky）、理查德·慕斯格拉夫（Richard Abel Musgrave）、保罗·萨缪尔森（Paul Samuelson）、阿图尔·史密斯（Arthur Smithies）、斯威齐兄弟（Alan und Paul Sweezy）、詹姆斯·托宾（James Tobin），毫不夸张地说，这些战后的经济学家都是赫赫有名的，有的还获得了诺贝尔奖，值得注意的是，这些经济学家们的成就大多是开创性的，其中，他们建立的均衡学派就

---

　　①　哈佛大学所在地。译者注。

是一个例证。作为老师,他有一群学生,他们当中有马克思主义者、凯恩斯主义者和新古典主义者,从学术观点来看,他们的人数分布也是不均衡的,就像受到他的影响一样,有深有浅。

　　起初,熊彼特热衷于关心哈佛大学经济系的建设发展,可是在这个方面他从来都没交上好运。早在聘请他到哈佛任职的时候,他就向经济系提出要求并让系里向他保证,尽量关心帮助戈特弗里德·哈贝勒尔(Gottfried Haberler)和瓦西里·里昂惕夫(Wassily Leontief)(后来获得诺贝尔经济学奖)。里昂惕夫是一位年轻的俄罗斯籍犹太人,后来成为数量经济学家。虽然熊彼特并不特别精通数学,但在他的培养下,里昂惕夫很快就入门了,并且不久就可以参与组织数量经济学的有关活动。后来,他又致力于争取英国在经济领域的领先人物赴美,因为他铁下心来要把哈佛打造成为世界领先的经济学中心。在他面前的,不只是哈佛繁多的教学任务,还有那些官僚机构拖沓的作风及保守的习惯。例如,他指出,他想聘用英国剑桥大学的琼·罗宾逊(Joan Robinson,1903—1983,未能聘请成功),这本是哈佛大学一个极好的机会,去打破"某些反动的"反女权主义的传统。这些被提到的哈佛大学的短处使熊彼特不堪忍受,到 20 世纪 30 年代末期更是有增无减,以致他开始小心试探其他出路。是的,1940 年,他收到了耶鲁大学的聘书,那儿,和他长期保持密切友谊的欧文·费雪(Irving Fisher)教授马上要退休了(需要补充教授职位)。他权衡再三,思考着是否跳槽,然而 26 名博士研究生写了一封情深意长的挽留信,这深深地打动了他,使他改变了主意。这些学生中,就有后来获得诺贝尔经济学奖的保罗·萨缪尔森(Paul Samuelson)和詹姆斯·托宾(James Tobin)。

　　与此同时,熊彼特的个人生活也发生了变化,这对他以后的科研工作带来了不可低估的直接影响。1933 年,他结识了小他 15 岁的伊丽莎白·B.费鲁思琪(Elisabeth Boody Firuski),尽管有几次犹豫,但他还是在 1937 年准备和她成婚。充满魅力的伊丽莎白从大学经济学专业毕业后,就在大学附近的学院做学术研究工作,对经济学史领域有浓厚的兴趣且有渊博的知识。她在一个研究项目中担任领军人物的角色,主要从事日本的经济发展历史和日本的工业化历史研究。她对日本经济关系的深邃见解使得她在珍珠港事件爆发前被聘用为美国主要的对日政策评论员。虽然她用批判的态度对待日本军国主义在中国的军事扩张,但她对美国国家政策理解的缺失及其局限性,必然导致她在美国对日政策的特性、强硬度以及一些与日本紧密相关且合法的事务上出现认识偏差。

从某种程度上讲,她的这些观点与熊彼特不谋而合,这与美国主流意识当初没认清德国是一模一样的。熊彼特除了在美国谈论对外政策有那么一点点痛苦之外,还有一点就是,他把希特勒之流(希特勒主义)视为有价值的控诉对象,就如同那个强迫订立的《凡尔赛和约》一样,你无论如何都会有一种反应:在那经济大萧条的混乱中,民众企图拉高经济的心理成就了一帮政治暴徒们,从德意志文化本质的角度看,这应该只是微不足道的偶然现象而已。尽管有各种各样的坏消息、尽管他也有所觉察——他应该是第一批被投进集中营的,但在纳粹德国的疯狂过程中,他并没有被列入那灾难性的名单。他认为,西方列强没有理由发动对抗德国的战争,而盟国同苏联联合起来共同对付德国甚至于连辩护一下都没有(联系战争的进程来看,自 1941 年起,现实政治无可避免),这点不可思议。与此同时,他还不知疲倦地告诫人们,由斯大林主义控制的苏联带来的危险不容忽视。他指出了苏联对外政策方面的重要状况:苏联当局应当被理解为传统集权主义的延续,它和马克思主义几乎没什么关联。所有这些,为他反对对德战争提供了支撑。有时候,他又像一位富有洞察力的分析家进行自我解剖:他的判断受到了情感的左右而扭曲了。在他的日记里这样反问自己:对俄国的恨从何而来? 对德国的情从何而生?

关于他对纳粹德国意识形态予以同情的这一幕我们宁可忽略过去。根据他的日记记述,不能把他这个时期的言行,关于种族歧视——反闪米特人①的倾向归于他总的观点,因为从当时的情况看,他周围这样内容的讨论十分广泛,所以不应看重这个。重要的是,他对纳粹极权的犯罪能量方面视而不见,在这种情况下,他就失去了判断能力。此外,他还有错误判断:他讨厌富兰克林·德拉诺·罗斯福,他忍受不了罗斯福而贬低他。同时,他对美国的政治、外交、军事等方面的判断也出现巨大偏差,对这些领域的掌门人也同样出现误判。当然,我们无须指责一位经济学家对这些领域的理解。这位从前的亲英派低估了罗斯福,他认为,罗斯福自视为"美国世纪"最重要的人物,但在面对英国局势(保护英国殖民帝国方面)和与俄罗斯的紧张局面时显得愚钝。关于对后者的评论有商榷的余地,但前者则已被历史所证明,他的评价不足一驳。可以得出这样一个结论:总的来说,在第二次世界大战中,相对于美国的承诺,他们的行为立场更为关键,并且在那样艰难困苦的情况下转变成为一种时代精神。如此这般,造成了熊彼特在哈佛大学一定程度上的孤立:他许多优秀的学生如肯尼斯·加尔布雷思(Kenneth Galbraith)和许多优秀的同事如瓦西里·里昂惕夫(Wassily Leontief)凭借自己正确的判断力在重要的岗位上对美国战时经济方面做出重要贡献,还有诸如詹姆斯·托宾(James Tobin)以军官身份报名参战。熊彼特及家人因此经常受到美国中央情报局(FBI)的盘查和骚扰,当然到最后都是不了了之。

---

① Semit,也叫闪族,主要指阿拉伯人和犹太人,这里仅指犹太人。译者注。

9. 资本主义的未来：晚年成果

经历战争的暴风骤雨以及沉重的个人危机反而为熊彼特在后来取得研究成果奠定了基石。在 20 世纪 40 年代初期，熊彼特作为"贷方"，在哈佛拥有一个相当优秀的团队、博士生群体和一批活跃的客座研究人员。不仅如此，他还正式和伊丽莎白登记结婚。她也成为他的聊天对象，话题包括经济、政治等范畴。在熊彼特逝世后，她整理出版了熊彼特的巨著《经济分析史》一书。他们俩喜欢并经常居住在位于康涅狄格州塔科尼克山脉（Taconic）的道密茨尔文迪山庄（Domizil Windy Hill），在这儿，他们走进了婚姻殿堂，这里成了他们重要的庇护所和工作室。然而，哈佛的情势发展并不令他满意，要命的是，大型研究项目的挫败带给他巨大的压力：他在《经济周期循环论》一书里投入了巨大精力，而这部著作离最高水准还有距离。凯恩斯的理论应运而生，受到了广泛认同和重视，却被他低估了。而他又无法推翻凯恩斯理论。此时，他开始按照自己的设想酝酿一部"经济总论"的著作，他要以此来回应凯恩斯理论。

纵观整个 20 世纪 40 年代，透过熊彼特的日记和书信可以发现，他的好友欧文·费雪（Irving Fisher）教授的影响力已经今非昔比，对他也爱莫能助了。他抱怨着这一切的根源，为什么不能达到更高的目标？是因为缺少感召力和领导力，还是过多的非科学因素干扰太分心，诸如女人、艺术、骑马运动等？所有这一切都是由于欧洲战争的消息带来的负面影响使其模糊了对上述问题的正确看法，以致他始终未能与周围的人和谐相处。

　　然而，就在愈演愈烈的自我怀疑与健康的每况愈下之中，熊彼特却完成了两部巨著。这里首先介绍的是《资本主义、社会主义与民主》，这是他最著名的也应该是最畅销的一部书，尽管它绝不是人们容易领会或看懂的一部著作。因为，该书将包罗万象的社会科学及对未来的设想有机地糅为了一个整体。结果是，博才多学和精辟论述推动了科学的讨论。人们不禁要问：熊彼特是如何具备了这种从自身的各种压力中解脱出来的能力？其次，相对于"精确的"方式来说，要么是无法阐述要么对他而言是无法理解的内容，他是如何按照自然科学的规律追求精确的？这部巨著于1942年出版，随即被译成16种文字。他的成功令人惊奇，以至于人们对该书的基本内容都模糊不清。难道熊彼特真的认为资本主义已经走投无路了吗？他真的坚信社会主义的到来不可避免吗？两种说法在书本的显著位置都可以读到。抑或，他已经洞察出战争结束后"混合经济"将随同胜利的队伍随之来临？下面我们会继续看到，每一个解释都有道理，但没有一个说到点子上。可以肯定的只是，《资本主义、社会主义与民主》的许多读者并没有被这本书的两个特点吓倒。第一，该书激起人们的进一步思考，而且没有给出现成的答案。在熊彼特看来，一个错综复杂、生机勃勃的制度就算是现代资本主义也不可能拥有。关于这一点，书中花了大量笔墨进行阐述，那些"时代诊断学家""未来研究家""大趋势专家"们信口开河地提出，在短暂的半衰落萧条时期，取消营业税，并将这些问题抛给市场。第二，令人惊奇的是，他在某种程度上与马克思的路线如出一辙，只是在某种程度上用了不同的手段而已，但其目标却相去甚远。这到底是好还是坏就两说了，但由此却构成了该书的强项（论文充实主题），该书同样存在着不足：熊彼特肯定不是对"混合经济"这一事实上的趋势一无所知，他甚至创新词汇来比喻这一现象，他曾说过"氧气篷下的资本主义"或者"水陆两用的资本主义"。他强调，从社会学意义上来讲,资本主义实际上是一种混合制度,因为它依赖于某一并不是自己创造出来的社会文化环境,然而这一社会文化环境恰恰反过来成为威胁甚至瓦解资本主义成就的动力。但是很遗憾,就像马克思一样,他没有对"混合经济学"的形成基础多投入些精力进行系统分析研究。一方面,他拒绝认同凯恩斯关于宏观经济是经济繁荣的杠杆这一基本观点;另一方面,对于他来说,微观经济理论里,国有资产还不是个话题——这恰恰是奥地利学派的环境熏陶使得他将自由主义发挥到了极致。也正是因为如此,最终他把先入为主的马克思作为一个坐标来对比资本主义和社会主义。在这一矛盾的问题上采取这种倾向性思想方式常常需要人们理解其背景,关于这一点,首先应面对特定的问题寻找出具有针对性的解决办法来进行调节,开展所谓的调节是否为"社会主义的"或者是"资本主义的"讨论往往是陷入死角。

在取得《资本主义、社会主义与民主》这一重大成果后,熊彼特又撰写了多篇不同的文章和举办讲座对这部巨著进行诠释和注解,同时对衍生出来的观点做了说明。所有这些最终给他带来了各种荣耀和职位,而就在此前,他已处于自我怀疑、几近崩溃的边缘。作为1942年参与组建的**美国经济协会**的领军人物,他于1948年成为该会的会长,接着,他又被安排为**国际经济学会**的会长(后因病逝而未能上任)。

从20世纪40年代初开始,他就多了一个潜心研究的领域:一个早前一篇短评里的课题——《方法时代与教条历史》。由此他的第二部巨著,也是获得巨大成功的晚期作品诞生了——里程碑式的、1000余页的巨著《经济分析史》。我们在这本书里再次看到了熊彼特知识渊博的一面:这位学识广博的学者还精通历史和哲学;这位独特的思想家敏捷的思维经常表现为出人意料和格言式的浓缩,此外,有时还给出不合适的评判。这个令人兴奋、光彩夺目的叙述者甚至尝试了纯文学的创作。在他的手稿中还保留了一部未完成的作品《雾中船》(*Ships in the Fog*),这是一部带有浓厚自传体色彩的小说,从中可以得到多种印证:漂泊不定的归属感、被边缘化的感觉,当然,其中也有关于人类生活中有关经济作用的观点和看法。

在就任**美国经济学会主席**时,熊彼特发表了**演说**,那是一个辉煌灿烂的时刻,他对此十分满意(在此期间,他的名字也英美化了,将 Josef 改为 Joseph)。他再一次想尽一切办法表明他的经济学观点,他所阐明的一些精准思路至今仍不失其重要意义。此外,他转身投入到意识形态在经济学领域的作用的研究。假如他不从事物发展的对立面提出辩证的观点,那他就不是熊彼特了——意识形态确以其典型的方式损害了经济学的进步,其程度只是时多时少而已。但熊彼特的解决之道不是要求追逐完全没有意识形态的经济学。由此可以看出,例如马克思,这位经济能动学的开创者,他对其他意识形态是位卓越的批评家,却有一个糟糕的盲点:他自身早已形成的意识形态,而且在他成为经济学家之前就已形成。不,意识形态的影响不是不可避免,确切地说,意识形态的影响也可能对某个理论的产生形成某种不可或缺的启迪。这取决于什么呢?取决于系统化批评讨论的范围,以避免类似发生在马克思身上的盲点——因为这样的盲点会诱使最富有洞察力的理论家们掉进重大的错误结论陷阱。

对上述问题还有少许补充,但不是诸如此类的盲点,在芝加哥和其他地区,经济学的绝大部分评价都是带着这种观点的,他们认为,现今的经济动荡不再会带来真正的巨大危险。在真实的经济危机爆发的前几年,熊彼特的一位继任者、美国经济协会主席罗伯特·卢卡斯(Robert Lucas)在他的就职演说中曾做了如此阐述。难道真的是那样?危机因此属于过去——或者换句话说,倘若我们生活在一个理性的安全世界就好了,这个理想中的世界始终是进步的。这个愿景其实早在斯特凡·茨威格的作品《昨天的世界》(*Welt von Gestern*)里就众所周知了。

1949 年,66 岁的熊彼特担负起一门相当重要的课程:《经济分析史》。他一边教授该课程,一边钻研。年底时,他在**美国经济协会**做了题为《向社会主义前进》(*The March into Socialism*)的报告,再次显现出大师充满出人意料的辩证法的高明思路,他清楚如何恰如其分地运用这个题目让人听着就感到舒服。他计划于 1950 年到各地作巡回演讲,并将**国际经济协会**会议放在巴黎召开。这应该是他自 1935 年离开欧洲后第一次返回欧洲,可惜以后再也不会出现这样的事了。这位博才多学、拥有多重身份、集矛盾争议于一身的大师于 1950 年 1 月 8 日夜里因脑溢血在康涅狄格州的塔科尼克(Taconic)去世。他的书桌上摆放着打开了的欧里庇得斯(Euripides)[1]的剧本。

---

[1] Euripides,希腊的悲剧诗人。译者注。

第二部分 作品

1. 著作概况

熊彼特是迄今为止经济和社会学领域著作最多的作家之一。他的作品无论从数量、种类还是价值上都令人瞩目,这一点很少有人能超越。熊彼特几近疯狂的创作能力来源于多方面,其中最主要的是他对自己所研究问题有着与生俱来的兴趣,并深信他的研究可以给经济和社会运转规律注入全新的观点。他越来越意识到,不断推进的劳动分工一方面给人类科学和社会化过程带来了巨大的正面影响,同时也伴随着很大的负面影响。和经济领域的分工一样,科学领域的劳动分工也使之产生了很多的分类——政治经济学、社会学、政治学、企业经济学以及其他更多更细的衍生下属学科,这些都显示了经济和社会事态在发展过程中的巨大进步。另外一方面,劳动分工分割了各个部门之间彼此业已存在的关联影响和作用,随之带来的是不断往前推进的知识分解,从而扩展成一个无边的整体。

熊彼特是诸多分领域的专家,他要求自己对认知主体进行恰当的讨论;同时他也是一个拥有广博知识和掌握丰富研究方法的全才。在他年轻时,人们就可以看到他不断成熟的知识架构和学术追求。熊彼特认为,不断分离的各学科领域应该尽可能地结合在一起,瞄准它们的整体性。他的这种视角是全面而非独断的。这种对社会科学的新理解可以和亚当·斯密、卡尔·马克思、马克斯·韦伯的伟大理论体系相媲美。他想把经济、社会和政治放在一起来分析研究。弗里德里希斯·奥古斯特·封·哈耶克(Friedrich August von Hayek)说过:"只专注于经济学的经济学家不可能是好的经济学家。"熊彼特就很好地诠释了这种观点,他不仅是一个经济理论家,还是一个思想和理论领域的历史学家、社会学家、政治家、经济和社会学家、技术和文化史大家等。正如他在 1915 年发表的《社会科学的过去与将来》一书中写到，他所关注的，是要把对"文化现象"理解为一个整体，"尽可能多地包括与我们相关的法律、宗教、艺术、政治、经济，甚至是逻辑以及心理现象"(1915：133 页)。他的关注点还在"社会文化发展"的建立上，这一点他在《经济发展理论》一书中有提到(1912：546 页)。

几十年来，熊彼特一直实践着复杂经济、社会问题跨学科和多学科研究的现代要求，颇具成果，可以说他是科学领域的普遍主义者。我们看到的是他卓越的人文素养、对多种语言的精通、开放的性格、十足的好奇心以及不羁的创造欲。但是他并不轻率地参与到多学科的研究项目中，而是先致力于他认为并未耗尽的经济生产力，因为他相信经济始终是发展的主要动力。熊彼特的老师弗里德里希斯·维塞尔同样主张分析方法和分析主体相统一，从这一点看，熊彼特最感兴趣的题目最终还是来源于经济学领域也就不足为奇了。我们几乎可以原话引用熊彼特对企业家品质的赞扬来评价他本人以及他的品质："这样的一些人在创造，因为这是他们唯一能做的。他们的行动是最伟大最光辉的时刻，这样的时刻给观察者们以科学的而不是经济的生命。"熊彼特绝对不是一个"书呆子"。

接下来我们会对熊彼特各个重要阶段的著作进行概括性介绍。

熊彼特的很多观点和分析方法并不是他首创的。他作为彻底的普遍主义思想理论史专家和经济理论史专家，在广阔的大学天地里就接触到了很多前人和当代文学的作品。作为知识界的"美食家"，他从来都是食之精华去其糟粕，凭借卓越的鉴赏能力汲取所有有用和有价值的知识，并把它们分类保存在脑海中以备不时之需。

也正因如此，他遭受了各种非议，批评他只是把已有的东西进行重新包装而已。有趣的是，亚当·斯密也遭受过类似的非议，而提出这个非议的正是熊彼特本人。当然这两种非议都是不公正的。熊彼特和亚当·斯密都汲取很多前人的成果,这一点无须否认,但这并不是稀有之事:思想总是通过突破时间和空间的限制而产生的。新事物总是产生于对旧事物的批判和建设性的讨论当中。熊彼特把经济创新理解为"新的联系"不是没有深层原因的,抽象地说,是旧知识元素重新配置的一种新的联系。通过这种方式产生了新的知识元素,从而诞生出新的有用的经济学知识。科学上的更新我们都可以用这个道理来说明:新的知识建立在已有知识上,重新组织其要素便产生了新的要素。借助这种关联可以恰当地描述熊彼特或是亚当·斯密的作品,即使熊彼特使用的所有观点都不是新的,当然这并不是实际情况,但对这些观点的理解以及从它们中获得的新的理论结构却是全新的、原创的,这就是熊彼特作品的独特性和真正的新奇性。

以下是对其作品内容和结构的简单介绍。

熊彼特在科学上获得的最初成功是在《理论国民经济学的本质和主要内容》(1908)一书中推广里昂·瓦尔拉斯的一般均衡理论。在第一部作品中熊彼特就显示出了不满足于现状的叛逆面。他把真正解答出社会经济的主要问题作为自己的职业追求:为什么经济和社会是自发生成并处于不断变化中的?为什么资本主义会不知疲倦?这是贯穿熊彼特作为一个科学家一生的问题,就如他的研究对象一样,他本人也是不知疲倦的。

以上问题的研究都倾注在熊彼特第二本重要的著作《经济发展理论》(1912)中。这本书里提到的一些概念和词汇是我们人类共同的知识财富:"创新""经济发起人""企业家""静态企业主""经济周期"[①]以及"创造性毁灭"(不是书中的原词,但是这个观点)。熊彼特从经济核心过程分析出发,把其他和经济相互作用的领域也考虑进来,并逐渐关注到资本主义发展的

---

① 也称景气循环、商业周期或者商业循环。译者注。

整个过程以及它的社会经济、文化和政治活力。

他的第三部重要著作《经济周期循环论——资本主义过程的理论、历史和统计分析》①(1939),是经济领域的又一力作。熊彼特在书里主要论述了人类历史的理论是工业革命的结果。他关注的是给经济和社会带来翻天覆地变化的技术突破以及新的产品、生产方式、组织形式、卡特尔和垄断组织等的传播。在他那里关注的是这个体系时而加速,时而又减慢的"心跳",关注的是预计持续50年的发展长波,关注的是"康德拉季耶夫周期",这是熊彼特按照著名的俄国经济学家和统计学家的名字命名的周期。

在《经济周期循环论》发表三年后熊彼特又发表了《资本主义、社会主义与民主》(1942)一书。在这本书里他继续之前关于资本主义发展总过程中遗留部分的分析研究,提出一种民主理论,指出了支撑资本主义发展的机构和人性日益腐蚀的原因。每一个社会经济的构成都孕育着终将逝去的因素,这正是资本主义的成功,而根据熊彼特的推测,社会生产力的急剧上升以及和它紧密相连的深刻的社会变革终将导致资本主义的灭亡。

熊彼特的很多文章都是有关社会主义的主题(熊彼特,1953),在财政学和财政社会学的论文中有1918年发表的《国家税务的危机》。这篇论文中关于战争条件下国家债务的偿还以及国家财政预算的改造不仅在当时,甚至现在也是热门话题,在这个问题里他看到了自己要做的事。当然,还有大量的文章是关于经济政治主题的。熊彼特偏向在古斯塔夫·斯托普尔主编的《德意志国民经济学家》经济学期刊上发表文章(参见 熊彼特,1985)。最后值得一提的还有他作为"财政国务秘书"(财政部长)时作的政治演讲(参见 熊彼特,1992)。

科学上的进步是建立在已有思想、概念的新组合上。熊彼特的很大一

---

① 这是包括副标题的全名。也有译为《景气循环论》或《商业周期循环论》。译者注。

部分作品都是建立在前人或者同时代作家的学说上。这不仅适用于我们上面所提及的著作,也包括他与单个作者或者是整个思想流派论战的文章(熊彼特,1952,1954b)。最后还要提到他的两个全面的理论历史研究成果:1914 年发表的论文《研究与方法论史的新纪元》以及在他死后发表的《经济分析史》(1954)。这两部著作我们都会分节进行评论。

有一部作品是他创作了很长时间却一直没有发表的:《货币的本质》。其中一个受阻的原因是,他想把货币和信贷的主动作用加入到一般均衡理论当中去。但在大量工作之后他必须承认,他并不希望这种尝试成功。国民经济的动态和静态就像火和水——是不能结合到一起的。《货币的本质》的草稿在熊彼特死后由弗里茨·卡尔·曼(Fritz Karl Mann)在 1970 年发表。我们在这里就不再详细叙述了。

2. 《理论国民经济学的本质和主要内容》

25 岁时熊彼特在德语区一举成名:1908 年他发表了 650 页的《理论国民经济学的本质和主要内容》。同时,他以这部作品获得了在维也纳大学任教的资格,主讲国民经济学课程。

一个在科学界乳臭未干的人怎么能写这样的主题呢?带着初生牛犊不怕虎的勇气和强大的自信,年轻的熊彼特闯入了本应由德高望重的专业人员掌控的猎区,但是这种肆无忌惮却凭着惊人的专业知识和判断力获得了成功。虽然这本书一开始只是很勉强地被接受,但是很快熊彼特这颗新星在德语圈经济学的天空闪亮起来。

理论和历史

这本书成功的原因之一是同时满足了多方面的需求。一个原因是迎合了人们日益增长的意识，受历史学派影响的德国式国民经济发展道路陷入了一种孤境，德国经济学家的愿望是再次和国际发展接轨，同时需要一种产生在研究前沿的理论。但最主要的原因是这种理论和瑞士洛桑人里昂·瓦尔拉斯在 1874 年发表的著作《纯政治经济学要义》中提出的一般均衡理论是保持一致的。熊彼特强调，对于他来说更重要的是向更大范围的大众，尤其是德国民众推广这位"精确理论大师"的作品，他把这部作品称作是国民经济学的"大宪章"（1908：261 页和 XXI）。

熊彼特的这部作品被接受的另外一个原因是，他十分小心地表达他的重点，顾及了德国读者的心理。瓦尔拉斯理论的一个特点是经济现象的数学表述。在瓦尔拉斯之前，英国的经济学家威廉姆·斯坦利·杰文斯（Willianm Stanley Jevons，1871）以及德国的赫尔曼·海因里希·戈森（Hermann Heirich Gossen，1854）就认为经济理论只有像物理和化学一样使用数学才能成为一门精确的学科。熊彼特是这种观点的追随者，在比《理论国民经济学的本质和主要内容》早两年发表的论文《关于理论经济学的数学方法》中他就倡导了这种观点（熊彼特，1906），因为政治经济学的概念是"数量的"，按照熊彼特的说法，"我们的学科就是一种数学的学科"（熊彼特1952{1906}：534 页）。在这本书里他并没有遵循这种数学的表述，因此大大增加了书的篇幅，但也使得德语国家民众更容易地进入到这一极度陌生的领域。

最后使这部作品被接受的有利条件还有：虽然一方面熊彼特在严格的

理论构建方面继承了瓦尔拉斯的传统,但另一方面他也认可在德国一直有很多追随者的古斯塔夫·施莫勒的历史观察法。19 世纪末,古斯塔夫·施莫勒和卡尔·门格尔进行了著名的"方法论战",在这期间纯理论派和历史主义派的敌对达到白热化。熊彼特和他的作品为抚平两派之间的风波以及跨越壕沟做出了贡献,因为他尊重双方各自的成就,并表示两种方法都是不可舍弃的,每一种方法都有它自己的独特功能,分工合作,两者都为更好地理解研究对象做出了贡献。

一般均衡理论

在书的前言中,我们这位年轻的作者就以大师的姿态——拥有渊博的知识和可靠的判断力——超然地看待事物的发展,"不急不慢地"让读者知道:"如果我没有错的话,我看到了科学开始走向灰暗的那一天。"(1908:Ⅹ,Ⅻ)熊彼特想要尽可能地掌控这一天会带来什么,他想要给年轻的科学指明道路。这条道路要求经济学的变革——从本质上把静态定位转换到动态当中来。为了使读者信服这种彻底转变的必要性,他必须先让瓦尔拉斯理论的优点和不足都显露在强光下,然后才能以改革家的身份继续研究,成为那个时代的伟大的经济学家。

熊彼特对纯理论奉行的是"**方法论个人主义**"(1908,第一部分,第六章),这是他成功创造的又一经济学类词汇。具体指的是,所有的经济现象,如就业、通货膨胀、社会产品量等需要追溯到单个经济主体的决定以及彼此依存相互联系的各个市场的共同作用。这一结论基于以下"数据"或"独立变量"。

1. 不同市场参与者的愿望和需求,不管是消费者还是生产者,这叫作他们的**偏好**。

2. 当前可供使用的**经济生产要素配置**——不同的劳动质量、不同的生产手段和资本货物、不同的土地种类和其他一些自然资源——这些都是用来生产不同商品的。

3. 社会成员间对生产要素的**所有权分配**，这也叫作财产分配，以及

4. 当前**可供使用的科技知识**，关于怎样把投入转化为产出，也就是说有哪些生产方法可用来生产不同的商品。

这一理论就是在这些变量的基础上产生的。

a) 不同商品的**产量**，以及和它紧密相连的；

b) 生产要素在不同的生产活动中的**配置**或者分配；

c) **不同商品的价格**；

d) 生产要素的**酬金**，也就是说各要素功效的价格（包括薪酬、租金、息金以及利润等）。

借助瓦尔拉斯理论，熊彼特用演绎的方法获得了普遍有效的观点，也就是经济的"规律"。他果断地强调："我们的重点并不是这些事物具体是怎样运转的，而是我们怎么样去描绘它们和给它们定型，从而尽可能地使它们服务于我们的目的。也就是说，怎样一种理解对纯经济的结果而言是最实用的。"他补充道，"对于国民经济学家而言，他们无所谓国民经济的本质是什么……我们只关注我们所要的——在这里指的就是价格现象——指明这一点对实现我们的目标是必要的。"（1908:93—94 页）

熊彼特在这里表明的观点于之后的几十年里获得了经济专业领域最大

范围最高层次的普遍认可。米尔顿·弗里德曼（Milton Friedman）在熊彼特之后花了将近半个世纪的时间论证"**工具主义的地位**"。他所指的是，一个理论或一个模型建立的基础并不取决于设想和现实的贴近度，而是取决于结果与现实的贴近度，更确切地说，就是利用这样的模型对预测世界未来的状态能起到多大的作用。这些设想可以尽可能地大胆、夸张，甚至怪异，唯一重要的是，利用它们可以在关注的经济数值上预见到什么。作为全面的社会理论家，熊彼特认为只有这样一些模型是不够的，比如有的模型被认为可以建立在市场参与者单一的享乐主义行为上面，一定的时间范围内也会带来实际成效，但这样的模型熊彼特肯定是拒绝的。理论和现实的一致性对于一个好的解释来说是一个必要而不充分的条件。

经济作为自然科学

熊彼特在《理论国民经济学的本质和主要内容》一书中表达了一种叫作"门罗主义方式"（1908：536 页）的观点，指的是经济理论的完全独立性。它和形而上学没有关系，并与其他社会科学学科及哲学严格地区分开来，尤其和心理学、生物学没有任何联系。熊彼特认为，人们在提倡心理对"收益"这一概念的基础作用时有很严重的误解。他坚持认为，"收益"这一构想仅是经济理论家建立的，只是一种设想，"是经济现实，而不是心理因素促使我们建立这种构想"（1908：542 页）。他又补充道："经济学和心理学既无方法论也无物质上的联系，我们并不需要借助心理学来实现我们想要的结果。"（1908：544 页）而对于其他的社会学科，25 岁的熊彼特坚定地教导我们："给予我们的很少，甚至什么都没有。为了明确这一点，必须要强调它们的无用性，从而甩掉这一累赘。"（1908：553 页）经济理论被熊彼特明确地从社会科学中分出来归入自然科学当中,"根据它的方法论和认知论的实质,纯粹的经济学是一门'自然科学',它的原理就是'自然规律'"(1908:536页)。类似的观点赫尔曼·海因里希·戈森在50年前就说过,而他的著作在当时完全被忽略,直到通过杰文斯和瓦尔拉斯这两位名人才被世人所知。

熊彼特认为瓦尔拉斯的一般均衡理论使得经济学从其他专业脱离开来。这一理论让我们对人类活动有了很重要的认知,是关于人类(经济)行为的第一次真正的科学。**"纯经济学的最高需求"**在于**"描述出精确思维领域的延伸"**(1908:563页)。这一点来源于"广泛的普遍性"和"均衡系统的确定性"以及这种系统和"超乎寻常的大量事实"(1908:564页)之间的紧密联系。

经济理论的主要任务就是去研究那些只关注自身利益的市场参与者们各自目标的相互作用;分析"经济变量"之间的依存关系;利用**"比较静态分析方法"**——或者如熊彼特所称的"变分法"——去研究四种模型中每一个数据或者参数的变化对独立变量a)、b)、c)、d)的影响。每一次的新数据都包含了一种新的"均衡",新旧均衡之间的差别就等同于数据变化的影响。例如在相同条件下劳动力资源的配置是否发生变化?这对于商品量、价格以及工资又意味着什么,这些变化又是怎样体现在偏好和技术知识上的?等等。由这些情况引导出来的新的均衡也是一种经济状态,这种状态是通过所激活资源的数据变化促成的,也就是对新情况适应量的消失点。

上面所引用的熊彼特关于国民经济本质的观点是毋庸置疑的,这些大胆而又老成的言论影响了那些有经验的经济学家们,当然也有很多经济学家并不赞同熊彼特的观点。随着经济学科的发展,尤其涉及(新古典主义)**主流经济学**时,一开始不赞同熊彼特观点的人现在也转向支持他了——而这正是熊彼特本人在1908年带着年轻时的漫不经心和准确的预测能力就已经意料到的。而讽刺之处就在于，正当这门学科的发展越来越接近熊彼特当初的设想时，他本人却不断远离这种想法：这位炙手可热的瓦尔拉斯追随者随着时间的推移越来越重视历史主义观点。

除了瓦尔拉斯的理论，熊彼特对以下大家的学说也有研究，包括奥地利的经济学家卡尔·门格尔、欧根·封·庞巴维克、弗里德里希斯·封·维塞尔以及国际知名的理论家马费奥·潘塔伦里或者欧文·费雪。熊彼特把他们的学说都融合在一个大系统里。他不拘泥于过于理论的细节和太过开放的问题。他更关心的是怎样去精确描述这样一个边缘化的，也被称作是**新古典主义**的思想体系结构。他很少研究下面这样一些问题：是否存在一种普遍的均衡以及这种均衡是否具有符合经济学意义的答案（从非负价格和非负数量的角度来说），这种解答是否具有唯一性，对于独立变量 a)到 d)是否存在多种解答。他并不去严肃处理均衡稳定性这一最具决定性的难题：如果一点小阻碍就能使这个系统失去均衡，那么由此催生的内力也同样可以把它带回到这种均衡当中来。或者我们还会担心，这种离心而非向心的力量是否会使它越来越偏离这种均衡呢？如果真是这种情况，这种均衡设想的分析价值又在哪里呢？熊彼特对存在这样一种唯一而又稳定的均衡的推测多少有点随意。

熊彼特给《政治经济学手册》的作者维尔弗雷多·帕累托寄了一份关于他对一般均衡理论新的理解的书稿。因为帕累托不懂德语，所以他请马费奥·潘塔伦里对这本书进行评价。潘塔伦里这样写道："这本书比较冗长，但是不错。对于德国人来说非常有用，但也没有包含什么新的内容。他好像并不知道你的《政治经济学手册》一书。"

经济的动态

熊彼特虽然十分推崇一般均衡理论,但是在他早期的作品中就曾指出过这一理论的严重缺陷。瓦尔拉斯理论的**"静态方法"**是不能用来理解超越一切的动态时刻,也就是**"经济创新"**。这种理论只适用于那种对给出的环境有很强的适应能力,使系统进入一种均衡的参与者——用熊彼特的话说就是**"无聊的均衡人"**(1908:568 页)。而另外一种能够接受所创造的环境并且能不断革新的参与者类型却被完全忽略,就是**"企业家"**。"那种可怜的人就是在胆怯寻找均衡的经济主体,他没有雄心,没有创业精神,总之是没有魄力也没有生机! 唯有激情和行动才能创造出新的东西。"(1908:567 页)熊彼特又补充道,"关于静态,至今为止我们处理得还比较让人满意,在这本书里我们也是主要在讨论它。**而动态研究还处于初始阶段,是'未来的一个国度'。**"(1908:183 页)在下一部作品中熊彼特便引领着他的读者走入了这一他所颂扬的国度。书的结尾他写道,尽管有很多的限制,但瓦尔拉斯理论把"一小部分确定的真理"带入了光明之中,是"黑暗海洋中的一束光明"(1908:626 页)。

有些毒舌的评论者认为,熊彼特、马歇尔以及其他的经济学家之所以会发现企业家,是因为他们正慢慢被资本所有者和管理者所代替而面临消失。股份制公司中所有权和监管权的分离在早期的工业国家中就已经发展得很迅速,托斯丹·凡勃伦(Thorstein Veblen)和约翰·莫里斯·克拉克(John Maurice Clark)在 20 世纪初就对这个问题进行了研究。我们再往后可以看到熊彼特在他后期的作品中也着手研究这样一个重大的变化以及它的影响作用,尤其体现在作品《资本主义、社会主义与民主》当中。

熊彼特对瓦尔拉斯理论的赞扬以及对古斯塔夫·施莫勒的尊重给了他维也纳的老师们重重一击，他还对他们不加掩饰地加以批评，认为他们对经济动态的理解没有做出任何的贡献。老师们肯定也不乐意看到这个专业未来朝着数学化的方向发展，不管是门格尔还是封·庞巴维克都多次批判瓦尔拉斯的项目，对于引入数学他们是质疑甚至是反对的。联立方程的使用与奥地利经济学派的"遗传因果"方法是相对立的。"遗传因果"是从有需求的个人以及对满足他需求的事物的价值判断出发，以此来确定商品的价格，主要是从需求方角度来论述原因。庞巴维克情绪激动地认为，用联立方程来确定价格是"针对所有科学逻辑的大罪"。而关于"归责问题"或者"归咎问题"的讨论实际上指的是对生产所需货物各投入价值的分配。对此奥地利学派也没有给出统一的解释。

最后是对瓦尔拉斯体系的存在性以及有解性的一个说明。瓦尔拉斯主要给出了未知函数和相对应的方程式的数量，他坚信在两者均衡的情况下这个体系存在一个具有经济意义的答案。这种设想以一种抽象的形式近似地描绘出了真实经济生活的关系，但计算方法不能代替存在证明，即使存在这样一个解答，那也不是理所当然地就具有经济上的意义。要是出现某些货物的负价格和负生产量，那这个计算就无意义了。熊彼特忽略的一点是，对各种资本货物随意的资源配置，通常并不是瓦尔拉斯认为的那样，可以去确定经济竞争中统一的资本回报率。

对这类问题熊彼特其实并不真正感兴趣，他所关注的是更广阔的视野，而不是技术细节；他关心的是构造形态，而非这种构造原理的稳固性。此外，这时熊彼特的思考重心围绕在动态经济观点的发展上面，在《理论国民经济学的本质和主要内容》发表三年后，他便邀请大家和他一起走进这一个"未来的国度"。1911年，将近600页的《经济发展理论》出版了。出版社不愿意这本新的著作那么快成为旧作，所以在出版说明里把出版的年份改成了 1912 年。

3. 《经济发展理论》

熊彼特选用了身为伟大的数学家、天文学家以及哲学家的艾萨克·牛顿的一句名言作为他这部作品的格言："Hypotheses non fingo."在这里表达的意思是——我提出的不是假设，我所说的都是被证明了的句子。这句格言也同样适用于当时充满自信的 28 岁的熊彼特。这本书"很大一部分是来兑现我在《理论国民经济学的本质和主要内容》一书中的承诺，主要是做一些批判性的探讨"(1912：Ⅶ)。在这里没有什么比维护在瓦尔拉斯那里被隐藏的大量的"真理"更重要的了，这样我们就能跨过那一片"黑暗的海洋"。

1926 年，做了大幅修改的《经济发展理论》第二版出版了。这一版里删除了前一版中超过经济参数范畴的第七章，因为熊彼特认为这一章偏离了主题。修订和简化后的第二版分别翻译成了意大利语(1932)、英语(1934)、法语(1935)、日语(1937)以及西班牙语(1944)。

经济循环流转

熊彼特的理论研究是从"经济循环流转"开始的，在这里指的是每天进行相同生产和消费过程的稳定经济，单个市场参与者的行为建立在以经验为依托的熟练的例行程序上。经济就是一种"价值体系"，"就如同在实践中看一座山的地质学特征"。这种价值体系可以借助静态均衡理论来分析。

熊彼特利用这种方式把瓦尔拉斯理论的适用范围减缩到稳定经济这一情况上。在这种经济形态中既没有利润也没有利息，只有工资薪酬以及稀缺土地的地租。按照他的观点，连资本也没有包含在里面。熊彼特知道，他的这种观点相悖于所有现存理论——无论是古典主义的、马克思主义的、边际主义的还是奥地利学派的。在他之前的所有理论都认为稳定的经济条件和所投入资本的正利率是绝对一致的。熊彼特大胆地从这些已成立学说的桎梏中跨出来。他甚至承认，他的观点"看起来好像明显与事实相悖"（1912：48页），但却是唯一的真相。所以熊彼特站出来了，他别无选择。

稳定经济的条件在熊彼特之前就已讨论多时，我们想到的有弗朗斯瓦·魁奈（Francois Quesnay）的名著《经济表》（1756），与李嘉图同时代的罗伯特·托伦斯（Robert Torrens）的《生产方程式》（1820），卡尔·马克思的《资本论》（1885）第二册的"简单再生产模式"，艾尔佛雷德·马歇尔在他颇有影响的著作《经济学原理》（1890）中的探讨，以及弗里德里希斯·封·维塞尔在他的著作《经济价值的起源及主要规律》中的讨论。与这些作者不同的是，熊彼特认为在没有利润、利息和资本的情况下这种稳定经济也是同样存在的。那怎样来证明他的这种独特看法呢？

首先，他对与此相关的流行学说都做了讨论。面对逝去的和还在世的这些大师们，熊彼特并没有学生后辈常有的矜持，他证实了他们关于盈利和利息的解说通都是站不住脚的。例如，他反驳了庞巴维克理论中把利息的来源归因于"人类特有的相对未来需求对现在需求的较高评价"，也就是正数的时间偏好[1]。借助弗里德里希斯·封·维塞尔的观点，熊彼特强调说，在稳定循环中不存在"相对现在产品对将来产品所需生产资料的系统性的低估"（1912：52页）。正数的时间偏好是更多的正利率的**结果**而不是它

---

[1] 通俗说来，就是人们对现在的满意程度高于对将来的满意程度。译者注。

的原因。

熊彼特更进一步说明:在我们现已观察到的经济中甚至都没有银行存款利息,因为没有存储也没有投资,就是说没有多余的资本,就不需要信贷。所有的收入都无一例外的"属于工资或者地租"(1912:67 页),既不存在"企业家",也没有"资本家",而只有"静态的企业领导人"。他们只有工作收入,没有盈利。"对于利息",熊彼特坚持认为,"是完全缺乏其存在基础的"(1912:91 页)。

这里所观察到的经济是"安静的、被动的、受环境制约的、保持稳定并且是静态的",没有任何东西暗示"它具有**自我发展**的可能性"。所以在这种经济当中也不存在"危机"(1912:91 页)。这说明,熊彼特认为经济繁荣、经济危机是和创新紧密联系在一起的,而创新正是经济稳定循环里所不具备的。熊彼特认为瓦尔拉斯是这种静态观的主要代表,当然还有奥地利学派,他继续说道:"他们描述的无非都是这种经济循环。"(1912:100 页)他在早已意料到的批评前并没有退缩,还是毫不动摇地坚持自己的观点:所有迄今为止的理论都是静态的,我们急需的是一种**动态理论**。

对了,在他前面果断的评价中有一个唯一的例外。他在把经济古典主义往动态理论方向缓慢推进的过程中,对卡尔·马克思"针对发展问题的唯一一次较大的尝试"表示了感谢:"仅马克思……尝试过用经济理论的方法去研究经济活动的发展……他的目标始终对准怎样让经济活动进一步发展,而不仅是在特定时间内的循环。"(1912:98 页)

对于马克思,众所周知的是他的"竞争的强制法则",这种法则迫使生产和劳动过程不断革新:生产者必须不断开发和引进新的生产方式和产品以维持自己的市场份额或者避开未来市场带来的竞争。竞争就意味着对抗,在这里只有谁能成功地创新或者及时地效仿。按照马克思的观点,创新并不是那些有超凡才能的人的特殊爱好和能力的结果，而是受市场迫使的参与者的行为结果。超凡的能力有利于在市场立足，但是它们并不是发展的驱动器，只是它的媒介。这种推动来源于资本主义经济结构并转化为参与者的行为——用马克思的话说，资本家在和"敌对兄弟"也就是竞争者的论战中遭受没落惩罚的时候注定要进行创新。

经济发展：企业家的作用

熊彼特在《经济发展理论》第二章里指出，他的观点在某一个重要的方面与马克思的观点产生了分化。马克思认为是市场整体造就了它各部分的行为，熊彼特却是站在方法论个人主义的立场，认为是部分造就了整体，更具体来说，是那些对经济产生重要影响的特定的部分。熊彼特也认为这里的发展指的是"从经济**自身内部**催生的发展"（1912：103 页）。与马克思的观点不同的是，这个解说的中心不存在一个系统的原因，而更多的是"经济行为的第二种类型"——经济领域的"创造设计"。这种"新的动因"（1912：105 页）是我们所寻求的解释的关键。不是每个人都有能力去创造设计，不是每个人都有意并敢于突破寻常的轨迹去尝试新的东西。除了"理性"类型之外还有一类"特别真实的人"，这一类人具有领导才能，是精英。前面一种类型是"静态的""享乐的"，而后一种是"动态的""充满能量的"。其中一类总想着尽力去适应既有的条件，另一类却是要改变这种条件。这两种类型无论是从行为动机还是投入的能量来说都是完全不同的。第二种类型在迄今为止的数据里"好像补充了一些东西""来改变经济方法"，"迫使市场接受他的产品"，是"人为地"唤醒了需求。享乐主义者眼中的享受对于第二类人来说是"无所谓的"。"这种半病态的情况"，按照熊彼特的说法，可以用来解释他们的行为。这种动态的类型是"真正的男人",而不是那种总是胆怯询问是否每份努力都会得到盈余的"怨妇"(1912：137 页)。简单来说就是："那种真正的男人之所以可以做到,是因为他们别无他选。他们的所为便是经济生活提供给观察者们最了不起最光辉的要素,那么静态享乐主义在一旁便显得彻头彻尾的可怜了。"(1912：138 页)这种"企业家的基因"并非存在于每一个人身上,即使存在,那也是不同程度的影响。

在后来一篇关于社会科学理性概念的论文中,熊彼特(1940)区分了"享乐主义"理性和"能量充沛型"理性。除此之外,他还区分了社会科学家作为观察者的理性以及经济主体作为被观察者的理性。如果观察者的理性和被观察者的理性是有区别的,那么由它们推导出来的理论就可能是错误的。而这个错误的引导正是存在于传统的理论当中,不管是瓦拉尔斯还是奥地利学派都无一例外,因为他们所假设的理性都仅仅只是享乐主义的:观察者给被观察者完全错误地安上了一种理性,而这种理性只是理论中的一部分,另一部分才是造就经济发展的中心和关键。在作品中,熊彼特希望能够克服这两种理性之间的差异。

到底是什么在激励着企业家呢？熊彼特告诉我们,这种充满能量的人热衷于"社会实力地位"及自我的个人能力。这也是他的目标。他富有"对成功的喜悦"和"对胜利的热情",对于他来说没有"均衡",只有永不停歇地去寻找新的活动领域。他想要建立企业帝国和经济王朝,他要把他的意愿强加给别人,使他们臣服于他,他想要以设计者和统治者的身份走进历史,就像那些伟大的将军和有影响力的国王一样。他的不知疲倦便是资本主义不停歇的源头。

在我们继续往下讲之前,需要提出熊彼特在《经济发展理论》中只进行了初步解答,但在后面的著作中又进一步探讨的一些彼此之间紧密相连的问题。在不安分的基因①长期缺失的情况下,为什么当时还会存在经济的平稳呢? 这种周期性的回归正是熊彼特在他的《经济周期②循环论》里假定的,在后面介绍长波理论的时候会具体讲到。为什么我们人类的历史不是一开始就存在接二连三的创新呢? 为什么随着西欧以及其他地方工业革命的到来创新活动便源源不断了呢? 既然长期缺失这种能全副武装去颠覆现有条件的"有活力"的人,那么现有的经济发展解说中所指的内在因素又在哪呢? 如果说这种动态的原因是外在的,那么这一系统运行的轨道倒可能是内在的了。很多针对熊彼特的批评家也都注意到了这一矛盾,其中就有库兹涅茨(1940)。那些经济、政治和文化的发展会造就哪些西欧社会机构去持续有效地改善创新环境? 值得注意的是,关于工业革命文化和机构开路人的问题正是现代经济历史学家研究的重点,比如乔尔·莫基尔(Joel Mokyr)。

创新的类型 我们再回到熊彼特的构思,由企业家们实现的"新组合"(1912:170 页)把稳定的循环突破到另外一个时间。**新组合**是熊彼特用来解说"创新"的一个概念,而企业家是"专攻经济领域的首领"(1912:173页)。创新的类型如下:

1. 产品的创新。

2. 生产方法的创新。

3. 开辟新的市场。

4. 开辟原材料或半成品的新供应源。

5. "实现一种新的组织,比如造就一种垄断地位……或打破一种垄断地位"(1912:159 页)。

---

① 在这里指企业家。译者注。
② 也称商业周期、景气循环。译者注。

创新指的不仅仅是可为经济所用的新技术知识,也可以是组织形式,比如一个公司或者某一个工业领域的改组。创新是"资本主义社会经济史上的杰出事件",技术和组织形式的转变不停地促进整个经济系统的变革。它创造出新的货物和职业,淘汰老旧的东西,它强行推动社会深层次的变革。这个过程就是熊彼特后来所提到的"创造性毁灭"。如果只有赢家没有输家,那就太天真了。

企业家执行新的组合,少数情况下他们自己就是这种新组合的创造者。创造者的功能和企业家的功能则是"完全不同的东西"(1912:178 页),企业家"充满能量的行动力"是经济发展的"基本原则"(1912:180 页):"**处于静态享乐主义状态的大部分人是不会被说服而合作的,或者即使合作他们也只会谋取自己的利益。没有人询问他们的意见,他们是被迫的。**"(1912:184 页)熊彼特在这里用斜体字强调。发展的过程不是和谐统一的,到某种程度会有一定的剧烈性。作为主人的企业家发号施令,其他的人就"必须服从",现代经济里也有"主人和仆人,只是表面并非以这种形式出现而已"(1912:185 和 186 页)。

但是未来的创新者怎样去获得资源实现创新呢? 这个问题是《经济发展理论》第三章的内容。

信贷和资本

谁创新,谁就需要购买力。在传统的理论中净节省是购买力的来源,熊彼特对这样的节省却嗤之以鼻。他指出,在经济的静态循环中,整个经济的净节省实际上是零,所以节省"并不是发展的独立原因"(1912:192 页)。创新者一般情况下不会去调用过去所积累的资本,真正想成为企业家的人都是白手起家。关于企业家的动能,熊彼特坚定地认为,"原则上并不和资本占有联系在一起"(1912:206 页),只有负债人才能成为企业家 (1912:206 页)。流行的观点认为企业家就是"资本家",其实这是一种很严重的误解。企业家确实需要购买力去实现他们作为创新者的身份,并且要求尽可能地低价去获得这种购买力,而资本家是拥有购买力的一方,他们想要尽可能地高价出售这种购买力。从这一点看企业家和资本家的利益实际上是冲突的。

还有一点是我们需要注意的,熊彼特认为在静态经济循环流转中所有的生产资源(劳动力效率和土地效率)都实现了使用的最大化,不再有多余的资源去实现新的组合。发展的前提是,把资源从旧的组合当中收回来。熊彼特写道:"要把商品流通从它原有的温床中转移开来。"(1912:195 页)问题是,怎么做到呢?

在竞争经济而不是命令经济中实现这种必要转移的唯一可能性就是,通过银行家来创造额外的购买力。银行系统的一个重要功能就是满足企业的信贷需要。熊彼特坚定地说:"我们完全可以大胆地说,银行家创造货币。"(1912:197 页)银行家先"让企业家成为企业家,为他打开国民经济生产资料之门,授予他全权实现自己的计划"(1912:198 页)。企业家和银行家绝对是熊彼特经济坐标系里最重要的两个角色,如果企业家是国王,那么银行家就是市场的执政官(1912:198 页)。熊彼特在这里影射的是古希腊时期斯巴达的国王和每年选举出的 5 位拥有重大决定权的执政官之间的权力分配。

在静态经济的假想条件下,货币只是一种计数单位和交换手段,就像给现实经济事物蒙了一层并无影响的面纱。但是对于发展着的经济就不一样,其中货币发挥着"根本性作用"(1912:199 页)。具体说来就是,银行通过由他们担保的信贷创造现有流通货币以外的额外货币。这一部分额外的购买力"首先并没有与之相对应的现有商品"(1912：206 页)，但是这一信贷可以用来实现工业发展，扩大商品量。企业家"在往国民经济商品流通中投入东西之前，先是从里面拿取商品。从这个意义上说，他就成了对整个社会的负债者"(1912：208—209 页)。负债并不是经济失败的表现，相反是经济发展必要的前提条件。熊彼特戏谑地说道："这种发展很快就会冲走那些以从不负债为荣的一类人。"(1912：210 页)因为信贷是创新者"提取商品的杠杆"(1912：212 页)，它意味着"在当前没有新供应的情况下创造新的需求"(1912：214 页)。

货币总需求的扩张必定会导致"生产成本价格的上涨，并且会部分地减弱现今的需求"(1912：216 页)，由信贷导致的通货膨胀就像是对"静态经理人"的一个操纵杆，用来推迟现实购买力，而企业家便是受益者。

紧接着，还有以下几个问题：第一，如果企业家成功了会怎么样，失败了又会怎么样呢？第二，由银行所提供的信贷总量又由什么来限制？

第一个问题比较容易回答：典型的企业贷款人不需要担保，风险实际上由银行承担。如果一个项目没有足够的成果，那么银行就是失败者；否则就是企业家来偿还债务。所以银行基于自己的利益对投资的项目和信贷的申请也要进行仔细审核。银行对这方面需要有长期的了解和丰富的经验。（而对于初涉金融市场的参与者来说，这两方面都是不足的：这对于整个经济的发展当然是不利的。）"银行家、生产者和信贷商人的职能是从大量的企业家方案中选出符合国民经济所有生活环境的方案，这其中就有被执行的，也有被否定的。"(1912：225 页)关于针对企业行为经济信贷总额度的具体确定，熊彼特把它放到了第五章。

那熊彼特所理解的"资本"又是怎样的呢？他真的认为在静态经济里就

不存在资本吗？值得注意的是,在静态经济中熊彼特并不把已投入的、使用过的以及定期更换使用的生产资料算作是资本。他的一个典型论据是,这样的一些生产资料仅仅是"滚动的项目"(1912:272 页)。最终的生产还是只能依靠投入的劳动力和土地的服务(即使用效率)。而这些服务的出售者会得到酬金以及基本的权利。也正是这样一些服务造就了整个的生产结果。在经济循环流转里不再存在其他的收入形式,包括盈利和利息。而经济学领域其他学派的所有重要代表人都不赞同这个观点。

熊彼特有意要挑战整个未来！他似乎对自己的事情特别地确定,他用了单独的一段话来定义资本:"**资本只是帮助企业家进入状态的一种杠杆,使企业家能掌控他所需要的商品;它只是一种支配具有新功能商品的手段或者只是用来确定生产的新方向。**"(1912:226 页)我们可以说资本就意味着权力。熊彼特明确表示赞同马克思主义的基本思想:"资本本质上是对生产的掌控手段,这一观点和我们的完全一致。"(1912:264 及下一页)

资本从价值上来说和提供给企业家的信贷额是一样的,也就是说,"**每一笔钱和其他的支付手段都是随时转交给企业家使用的**"(1912:236 页)。资本是"运输经济中用于生产的第三个必要的主因",虽然它本身并不参与生产,但是完成了"在技术生产开始前就必须解决的"任务(1912:228 及下一页)。熊彼特坚定地认为,资本"是属于动态经济的概念,在静态中找不到与之相对应的东西"(1912:235 页)。针对他的理解有一个专有的名称——"**资本的购买力理论**"(1912:255 页)。

"资本市场"上一方面有企业家,另一方面有资本家和银行家。这个市场不外乎就是"购买力市场的整个过程,就是通过支付手段将资金流入企业家手中"(1912:240 页),企业家用这些供他们支配的资金来做什么呢？是用来购买生产资料还是用来购买劳动力和土地服务？这些在这里是完全无关紧要的,所有的款项都是资本,不仅只是那部分用来垫付生产资料的。通过这种方式,熊彼特切断了当时盛行理论中所认为的资本和生产资料的紧密联系。

熊彼特意识到了自己在所研究问题上的孤立地位,因此他用了很大一部分篇章去讨论盛行的其他学说观点。为了证明自己的观点他用了以下的理由:首先,前人理论中具体化和物质化了的资本概念来源于一种静态理念,这种理念在前工业时期相对于比较微弱的经济动态来说是绝对有它的合理性的;第二,在经验对象不断变化的背景下有了对经济动态更深入的了解,因此就"发展到了我们现在理解的货币学说"(1912:253 页);第三,我们的这个概念和实践是相符合的——"逻辑上得到了执行并消除了矛盾"(1912:250 页);第四,至少从第一眼所见,熊彼特的资本概念和较新学说中相关理解的差别是很小的。熊彼特显然是想缓和他和老师卡尔·门格尔以及欧根·封·庞巴维克之间的意见分歧,但对其作品的过度褒扬以及那些赞赏的话语仍无法隐藏熊彼特和他们之间观点的差异。

接下来熊彼特便致力于研究货币和资本市场。这种市场只存在动态经济中而非静态经济中。在这个市场上"一方面会出现作为需求方的企业家,另一方面会出现生产者以及具有购买力的商人,即作为供给方的银行家……交换物是当前的购买力,而价格却是未来的购买力……这之间的价格战由未来的发展情况裁决"(1912:275 页)。熊彼特认为,货币市场相当于"资本主义经济的总司令部"(1912:276 页),从这里发出对各个成员的命令,在这里会决定发展的下一个步骤以及企业的"利润",还有"货币或者资本利息"。这也是《经济发展理论》第四章和第五章的主题,只有成功的新组合才能使总收益超出在静态经济里呈现的水平,从而实现除掉成本之外的收益"余额"(1912:278 页)。这就是利润和利息的由来,那么这一部分余额是怎么分配的呢？

企业家利润

在第四章里，熊彼特暂时搁置了企业家利润这个问题，为了简单起见他也没有提到利息。他先是引入，然后慢慢扩展，最后对经济创新进行概括性总结：在大量创新扩散的同时，也淘汰了与之竞争的旧生产方式和商品。熊彼特把理想情况下的发展理解为从一种创新前的静态循环到实现创新后的另一种新的静态循环，就如"价值规律"（1912：283 页）适用于最初的循环一样，它同样适用于新的循环流转——新产品价格和工资以及地租一样都是受市场竞争限制的，之前不存在利润（和利息），之后也不存在，只有在中间的这一段时间里所有的东西才会不一样。企业家利润（利息也是如此）具有**稍瞬即逝的本性**："它是发展的产物，也是它终结的原因……没有发展就没有企业家利润，没有企业家利润就没有发展。"（1912：322 页）

创新的一般流程以及随之而来的收入分配的动态是我们关注的重点。在这里有必要区别以下三个概念：

- 发明（Invention）
- 创新（Innovation）
- 模仿（Imitation）

发明对于技术领域来说很重要，从经济学角度来看，只要它没有通过市场的检验，没有经济上的分量，那它就没有任何作用。不是所有新知识产生的东西都能马上或者随时具有经济价值。而企业家恰恰就具有这样一种能力，他们能从大量的发明中挑选出那些有利可图的，可以投入市场的发明。一般情况下，发明者是不具备这种能力的，他们热衷于技术，却忽视与经济相关的东西。发展过程的最终一道门槛不是由发明而是由创新所把持的。

如果发明转变成了创新,那么"整个剧本的第一幕"①就开始了。熊彼特用生产方法和产品的创新来说明结果和影响:新的生产方法降低了老产品的单件成本,同时,新的产品又唤醒了新的需求。两种情况都可能使创新者获得丰厚的利润,第一种情况发生在已有的商品市场上,另一种情况发生在新的商品市场上。关于企业家利润,熊彼特写道,那是"经济主体为了开辟新的经济市场而支付的奖金和赋税"(1912:303 页)。企业家作为新知识唯一执行人会获得一种**暂时的垄断地位**,正是这种地位保证了他们一段时间的利润,"垄断利润就存在于资本主义经济的企业家利润里"(1912:320 页)。如果这里涉及的公司把利润用于投资,那么它的竞争对手就会原地踏步或者由于资源的撤销而轻微缩减。这本身就说明了新事物相对旧事物来说越来越重要。

新组合实施过程的明显加速后"剧本的第二幕"才会到来。创新者打破了"静态的咒语",为"模仿"铺平了道路(1912:283 页),这里我们可以将其分为两个阶段。第一个阶段是其他的公司尝试从自身的动力出发——如"利润的诱引"(1912:283 页)——去模仿以前的创新者,也就是说去"复制"新的生产方式或者新产品。这里指的是"早期的追随者"。"新组合成功地执行了,成果摆在面前,所有的怀疑者都沉默了,它带来的好处从此明朗化了;同时也是以大家所要求的那种方式。"熊彼特继续写道," 这时候充其量只需要一位领导者或者是工长,并不需要他们有创造力和统治力,只需要他们重复所做的事情,从而获得同样的好处。"(1912:304 页) 这也就导致了所涉及产品生产量的扩张以及公司之间竞争的加剧,最终使得有关产品价格向下竞争。

---

① 作者把创新的过程比作是一部戏剧。译者注。

　　这就宣布了第二个阶段的到来，即进行**强制**模仿，也是不断加速新事物扩展的阶段。一方面由于整个经济需求的提高造成输入价格上涨；另一方面由于生产价格的下降使得这种静态企业陷入了困境，"假设它之前的生产没有带来利润，那么现在的生产也会带来亏损"（1912：437页）。如果它不想走下坡路，就得进行现代化并且重新调整生产方法和工作程序。对于发起人，熊彼特写道："他为其他人赢得了胜利，也为其他人开辟了道路，为他们的复制创造了样品。其他人会追随他，首先是一个一个的（第一阶段），接着便是一批一批的（第二阶段）。"（1912：285页）一大群涌动的公司通过模仿这些成功的产品来抵制没落，因此加速了新生产方式的扩张以及对旧生产方式的淘汰，"一次完整的行业重整到来了，它伴随着生产的扩大、竞争、静态模式的逐出以及可能的员工解雇等"（1912：283页）。其中并不能保障所有的公司都能生存下来，一个公司越晚越生硬地对这一挑战作出反应，没落的危险就越大。

　　随着对新方法以及新产品的复制不断扩张，发起企业逐渐失去了它一开始的垄断地位，从而被一大波竞争者赶上，后果就是，"企业家利润和企业家功能在后涌竞争的漩涡中消失了"（1912：286页），这个能洒出金银雨给发起人的聚宝盆开始干涸了。在这些新东西成功适应了经济环境之后，"成本规律"再次得到了实现，因为在自由竞争条件下资本主义经济中的"生产资料价格要调整为能抵消产品价格"（1912：309页），这样就不存在任何一种形式的盈余了。因为经济体系在完全适应环境后比以前更有生产力，用于分配的总产品中对劳务以及土地服务的持续投入量也会比之前更大。这再次说明，在新的静态循环流转中工资和地租都比在旧的循环中要高。

　　这个故事的怪异之处在于，创新者为自身利益进行的行为从长远来看对生产要素——如劳动力和土地——的所有者也有好处，而这些人本身对经济的发展并没有做出贡献。生产转型期间从获取的利润中积累的财富都集中在前期的创新者和"早期的追随者"手中。

熊彼特在这里借鉴了苏格兰启蒙运动中一个和亚当·斯密的名字联系在一起的有名的论题：个人以目标和自身利益为导向的行为经常会导致一些出乎意料的结果。就如亚当·斯密的老师亚当·弗格森（Adam Ferguson）所说："历史是人类行为而非人类设计的结果。"

现在我们明白了为什么熊彼特要反驳马克思主义关于利润来源于对工人"剥削"的解说——在静态循环流转中既然不存在利润，也就没有剥削一说了。在每一个循环流转中工资（和地租）都是根据边际生产力理论确定的，发展中的经济总是从一种循环被拉到另一种循环，而后一种比前一种有着更强的生产力，因为竞争带来的福祉使得这种高生产力也造福了劳动者，提高了他们的工资，这样也就消除了企业家和劳动者之间的阶级对立。

按照熊彼特的说法，新产品的上市可能会出现大的阻力，必要情况下要"强迫消费者接受这种产品，甚至可能要白送给他们"（1912：288 页）。对铁路和汽车最终的抵制以及福特"T 型"车几乎赠送的销售方式都说明了这一点，因为某些情况下创新的成功要以利润形式出现是需要等待一段时间的，而且必须得经受得住最初一段时间的亏损。这个时候信贷政策中银行的长期定位就承担着决定性的作用。

熊彼特在这里再一次批判了庞巴维克的资本以及利息理论，他回驳了其理论中的两个主要观点，即正数的时间偏好利率的假设以及"生产过程高度迂回化导致产能过剩"的假设。在静态循环流转里，"时间的流逝并不产生独立的影响"（1912：294 页），那么基于前面两个观点的正利率也就站不住脚了，只有在动态经济中才会有企业家利润、利息以及由此衍生出来的正数的时间偏好利率。因为只要正利率存在，理性行为就会要求对未来的支付以及使用贴现。利息不是正数时间偏好的结果，而是其原因。熊彼特总结说："既然没有经济现象可以用这种心理现象（指的是时间偏好）来解释，那么我们也有理由拒绝这种论据不足的说法。"（1912：317 页）庞巴维克听到这样的评判要很不舒服了，但这只是熊彼特批判的开始。他还强调，关于（生产方式）创新会导致较长时间迂回生产的假说也是没有理由的。这种情况当然是会发生的，但也并不是绝对的，"很多新的使用方式是不会带来迂回的"（1912：311 页）。与其紧密相关的观点是，"发展的过程要求一个独立而又不可或缺的东西来作为**等待**的牺牲品"（1912：316 页），在这里指的是延期消费作为节省对资本的形成带来的不利方面，而这种观点同样被熊彼特以上述理由摒弃了。

那么怎么来分配这些由创新带来的、超出成本之上的、作为总经济收益余额的企业家利润和利息呢？这是第五章"资本利息"的主题。

资本利息

为什么有资本利息？什么时候有？它是从何而来，是怎样使得"利息成为人们可用来消费却不损害其经济地位的永久性纯收入"（1912：325 页）？熊彼特对此的回答是，利息是"资本主义发展的孩子"（1912：392 页），它存在于动态经济而非静态经济当中；它来源于企业家利润，来源于受创新制约的总经济价值增长，来源于出现的**溢价**。最后，利息还指的是"对企业家利润的一种税收形式"（1912：412 页），是由使创新得以实现的作为债权人的银行所要求的，这也是长期存在于进步了的资本主义经济中的现象，因为在这种经济中,发展能够为购买力带来"源源不断的新的使用可能性"(1912:396页),从而实现新的组合。这种利息的持久性反映了经济动态的持久性,并且具有波动性,尤其是在创新活动繁荣(或者萧条)期间以及由此带来高(或者低)企业家利润的时候,按照所投入资本的百分比利率来说,利润率就等同于利率。"在动态经济中利息的高度是一个具有控制力的事实,利息就像是**经济总气象的气压计**,使得它和其他所有经济规则一样必不可少,它贯穿于每一个经济思考当中。"(1912:404页)

按照熊彼特的说法,资本并非传统意义上的第三个生产要素,而是存在于带来"溢价"的创新者转让购买力的过程中,"溢价"在这里指的就是"高于其成分价值的产品价值余额"(1912:340—341页)。利息作为余额的一部分是"一种价值体现和价格因素"(1912:344页)。熊彼特在这个定义的基础上首先提出了他利息理论里的三个"命题":第一,利息是发展的产物;第二,它来源于企业家利润;第三,它不依附于具体的商品。接下来熊彼特要重点研究的就是这个问题的"核心关键"——**这种总是流到同一资本那里去的永久的利息流,到底是怎样从暂时的、不断变化的企业家利润中抽取出来的呢**(1912:347页)?

在他的第四个命题中他坚持说道,在一个共产主义的集体里是没有利息的。他在这里就是明确赞同"剥削理论"(1912:348页)并且反对他的奥地利老师们,尤其是庞巴维克所代表的观点——生产好的生产资料只要一投入使用,也就是说进行"资本主义"的生产,那么就必定存在利息。并不是这样的,熊彼特反驳道:"只有在资本主义经济中才会存在利息!"在这里指的就是"那种从企业家利润里源源不断地以利息形式抽取货物流的怪异抽吸器"(1912:349页)。

我们已经知道答案了:典型的企业家需要他们不曾有的生产手段。熊彼特用华丽的文采解释道："对于企业家而言生产资料私有制是一种阻碍，而资本家却看起来能帮他突破这种阻碍。所以我们也可以说，利息依附于某一种行为主体，这种主体的功能就是消除那些从私有制机构里产生出来的对发展带来的阻碍，而利息最终是私有经济组织本质特点的一个结果，**同时利息也会在企业家计划与现存财产关系的摩擦中被磨破**。"（1912：351页）熊彼特所说的负债人，也就是企业家，他们与中世纪时期需要为基本生活贷款的饥寒交迫的穷人是不一样的，因为企业家接受贷款后是不会变得更穷，所以被亚里士多德以及教会上层人士所拒绝的各种"暴利"利息收取和熊彼特所描述的是不一样的——这些"强大的负债人"会通过信贷变得富有。那企业家利润里的利息收入是怎样产生的呢？它的额度又是由什么来控制呢？

这个问题只有考虑到利息的货币基础以及利用针对货币及资本市场运转的说明才能解释。熊彼特在他的第五个论题中说道："**利息是购买力价格中的一个要素，而购买力又是作为控制产品的一种手段**。"（1912：361页）因为这一个命题熊彼特又要对抗一个"几乎由所有理论家组成的方阵"（1912：361页），但是他坚持自己观点的正确性，"我们在寻找货币市场上事物的核心，从这里流出了工业资本主义的生命之血，我们可以清楚地看到工业和资本之间的相互关系"（1912：369页），货币市场上现有的购买力会替换成将来的购买力，经验表明，现在的购买力相对将来的购买力来说会有"定期的升水"①。人们通过创新，用被给与的一部分资金获得更大的一笔资金，那么这就是"对利息的解释"。

利息的具体额度取决于"爆发在企业家和潜在的投资者之间"（1912：

---

① 升水表示远期汇率高于即期汇率。在直接标价法下，升水代表本币贬值。反之，在间接标价法下，升水表示本币升值。译者注。

381 页)的"价格战",这样的价格战可以通过信贷的需求曲线结构以及其供应曲线结构来说明。和企业家的各种创新方案联系在一起的利润期待是由投入资本的利率百分比体现出来的,首先是从拥有最高期待的收益率开始,然后是第二高的,依此类推。如果在横坐标轴上是方案实施所需的投资金额,纵坐标上是所期待的利润率,这样就得到了信贷的需求曲线。一个企业家付给外来资本的利息最多只能是他所认为通过这些资本能够赢得的利润。熊彼特在这里表达的观点和约翰·梅纳德·凯恩斯(John Maynard Keynes)在《就业、利息和货币通论》里介绍的"边际资本效率"以及投资边际效率的概念具有很大的相似性。我们也可以说这个概念是熊彼特先提出的,并且他还强调了凯恩斯没有谈到的几个细微的点。我们在介绍这几个点前,先来讨论一下信贷的供应功能。

我们知道银行具有通过有担保的信贷提供额外货币的能力,但其中有多少会用来资助创新者的项目呢? 按照熊彼特的说法有两个因素在调节信贷供应。其一,银行是不会一下子接受那些雄心勃勃、过于乐观的企业家计划,而是要全面考察。他写道:"银行家的职责就是选择贷款给谁以及决定贷款的形式,这也是一项众所周知的困难工作。即便如此还是要考虑到由于风险造成的企业家可能性的失败,这些风险是可以由经验得知的。"(1912:387 页)

其二,因素的期限是长期性的。为什么银行家可以做到使"价值以及价格的形成过程给新创造的购买力带来升水,即利息呢?"(1912:387 页)换一种问法:是什么使得这些源源不断成功的创新能够被接受? 熊彼特用了资本主义历史发展观的观点来回答这个问题:"一个企业家的出现使得另一个的出现更加容易,这样他们作为新事物遇到的阻碍就会越来越少,越多的社会群体习惯了这种新事物,就有越多的人能成功地创业。"(1912:390 页)就如同下山的雪球越滚越大,资本主义经济下分散在民众中的企业家基因也会一个连着一个地被激活,变得越来越多。可以说,整个社会就会越来越企业家化。这带来的结果就是,"资本需求本身就会不断地产生新的需求。因此,在货币市场上,有效的供给,不论它有多大总是有限的,而与之相对应的却是没有任何确定界限的有效需求……当然利率必须要提高到零之上"(1912:391—392 页)。

这个过程就如熊彼特所强调的是"进化型"的,并且**遵循积累性因果关系**原则。对创新抵制的减少会形成一种积极的反馈,这种反馈有利于更多创新的出现。在这里还不能确定利率的具体额度,这是书的后一部分的内容。

正利息在经济中一旦长时间存在,那么它就会影响整个系统。它从最初的"薄弱基础"(1912:393 页)出发,继续向整个竞争经济扩散,直到无处不在,由此带来的结果也是相当大的。首先,经济发展全部的价格和分配动态会使"企业家还有其他一些人都会分享到利润",这些利润部分会储藏起来,部分会"直接或者间接地进入资本市场"(1912:394 页)。其次,每一份微小的购买力都能带来利息,这一事实使得这部分购买力获得了一种升水,不管这种购买力服务于何种目的。这样的话就会"打破静态经济的平衡,使利息强行进入"(1912:398 页)。第三,与此紧密相连的下一个观点会再次打击庞巴维克,"时间本身在某种意义上就是价格的一个因素,其引起的副作用(贴现)被流行学说当作是基本事实(也就是正数的时间偏好),这说明了——同时也提出了根据——流行学说和我们的解释是有差别的"(1912:398 页)。

那么事情的本质在此被揭开了,熊彼特也可以对他的论点进行总结了。尽管每一个单独的企业在一段时间内都会获得垄断收益,但是他们的股票持有人"不可能会有持久性的横财"（1912：409 页），不知什么时候这种盈利源头就会因为上述的某种原因而干涸。对于单个企业来说不可能有持久的收益，但是对于所有企业这个整体而言，他们会获得盈利，因此也会存在正利息，随利润而升降（1912：411 页）。

关于利息水平对企业创新、投资方案的影响方面，熊彼特不仅偏离了传统观点，也超越了后来凯恩斯投资理论的局部分析论证。他认为，较高的利率意味着较高的商品价格（这一特点是凯恩斯没有提到的），并且为企业家创造出了较高的能帮他们完成项目的必要资本，这样信贷的需求也就上升了。另外一方面，高利率也意味着某些项目的出局，这样的话信贷需求就会下降，而整体效果如何就不是那么容易说清楚了。不管怎样是没有理由认为整体经济的投资信贷需求和利率必然是反向运行的，就如凯恩斯和传统观点所一致认为的那样。熊彼特为了证明他的非传统观点与宏观经济的联系，几年之后他在一篇文章里写道，我们没有依据认为工资的提高（降低）总是和对劳动力需求的低（和高）相关的（熊彼特，1916—1917：85—86 页）。凯恩斯在他的《通论》里和熊彼特一样试图把自己从"传统观点的束缚中解脱出来"（1912：412 页）。

从上述内容可以看出，"高利息实际上是国民经济繁荣的一个标志……并且利息上涨就是经济快速发展的一个直接结果……高利息既是经济活跃的标志，同时也是经济发展的一个制动闸"（1912：412 页）。

在资本利息这一章的结尾，熊彼特写到，尽管他解释了利息但并非是要"辩解"。事实上他对利息以及利息所得人的态度是很矛盾的，"利息并不像企业家利润那样是经济发展的一种直接成果，而像是对成就的一种奖赏"，作为市场监督官的银行家本质上只是抽取了企业家的利息。熊彼特还补充到，利息只是"新组合执行的一种特殊方法的结果"，也就是一种特殊的结构调整的结果。这种方法可以"比竞争经济中任何一种其他的基本机制都容易被改变"（1912：413 页），熊彼特以这样一句模糊的评论结束了第五章的内容。这条评论来源于以下观察：货币和金融系统是特别容易遭遇危机的，并且能显著地加剧以及延长经济萧条，而他未作评论的监管干预却能提供补救办法。

危机和经济周期

经济"危机"在当今讨论中被广泛理解为是经济系统的功能障碍，是对经济活动的一次猛烈冲击，有时甚至是一种摧毁。我们很快就会发现，熊彼特并不认可流传下来的关于危机的概念，而是提出了具有以下几个特点的观点。第一，经济的发展或多或少都处于**有规律的周期**中，也就是在"繁荣和萧条的更替中"（1912：426 页），其中危机仅是反复出现的特点之一，是发展过程中的一个特殊阶段；第二，经济周期和危机是由"经济发展的本质特点"所决定的，不是外力冲击的产物，而是来源于**自身**；第三，经济周期是工业革命的结果，是随着工业资本主义领域的加强而出现的。在《经济周期循环论》一书中，熊彼特简洁地表达了如下观点：周期不像扁桃体那样彼此分开而且可以单独处理，而是像心跳一样是属于器官的根本特征（1939：V）。

熊彼特并不是第一个持有这种观点的人，最早持有这种观点的人中他着重提到了法国的经济研究家克莱门·尤格拉（Clement Juglar）以及德国的经济学家、后来成为他朋友的阿图尔·施皮特霍夫（Arthur Spiethoff，1912：414 页）。熊彼特按照尤格拉的说法指出，周期的长度大约是 9—10 年。

熊彼特的想法是，要对经济周期模型的不同阶段进行理想型描述。在这种模型里,危机是"经济发展的转折点"(1912:425 页),在这个转折点上经济的发展过程被打断了,具体说来就是,"发展的列车从它通向高处的轨道上偏离开来了"(1912:425 页)。危机都是以繁荣的结束为开始,而这种繁荣迟早都会陷入衰落中,那繁荣又是怎么实现的,为什么它必将会有一个终点呢?

通过前面几章的介绍我们已经了解了熊彼特的主要思想:繁荣是创新的结果,而创新的激励作用在扩散的过程中将慢慢耗尽,从而引发逆向运动和倒退。这一规律适用于任何一种新组合,这种体系从静态循环中挣脱出来后开始往高处发展,在排挤旧事物的同时,新事物的实现也是一个有时间限制的过程,最后迫使整个体系又回到新的静态循环中。虽然这里描述的"只是一种**图示**,却是符合现实主要特点的一种"(1912:429 页)。当然这里还存在一个问题,为什么这些有争论的创新总是成批间断性地出现,"如果这些发展在时间上都是平均分配,那么整个经济情形就必须是持续稳定的增长"(1912:430 页)。平均分配的条件下存在稳定的发展和增长是毋庸置疑的,只有当一批批创新带来的经济效应不存在时间上的波动时才会有这种稳定和持续。但创新行为的时间节奏性以及创新的"类聚"又是什么呢?

熊彼特回答这个问题的时候用到了我们已经了解的、由创新者推动的公司人员动态。第一个企业家首先"冲破了享乐主义的禁锢"(1912:430 页),为其他的企业家拓宽了道路,"第一个企业家必须是逆流而上,那接下来的人就自然而然地被带入到了水流当中"(1912:431 页)。在这里熊彼特明确指出,新的知识不可能长时间地被垄断,而是迟早会被同行业的所有公司所掌握。一定程度上来说,他提前用到了知识是**公共财富**这一现代概念。因此知识的使用**不是竞争性质的**,不能总是排除其他经济主体在实践中对知识的使用,例如炼钢过程中的贝塞麦转炉法并不只是一个公司在使用,到中期其他公司也使用上了。

由此，熊彼特得出的结论是，每一个新组合的实现"在时间上并不是平均分配的，而首先是单个的，然后一下子成组或成群地出现，整个经济上升的运动由很多公司一起承担，他们的行为既是平行的，也是合作的"（1912：432 页），那整个过程也就**比例失调**了。熊彼特总结说："我们这里所指的经济发展并不等同于有机增长。它不是按照统一的规律增长，而是把它分成小部分，每一部分都有自己统一的规律。它的增长是一阵一阵的，不同的繁荣阶段具有不同的特点。每一次繁荣都会逐渐消失，从而为下一个新繁荣腾出位置。"（1912：434 及下一页）发展的每一个组成部分都是不一样的，从而标记出了一个具有上升和下降的总体格局，根据概率理论持续增长的情况基本可以排除。

熊彼特对发展波动式运动（非源自经验的事实）的解释被很多批评家认为是不符合逻辑的。尤其受到指责的是，他的这种观点并没有考虑到各种创新的不同经济意义（他在之后的《经济周期循环论》中有不一样的表述），而是单单依据具有时间节奏性的公司人员动态。我们这里专注的是他关于景气周期典型过程以及其不同构成阶段的设想。

这一设想的关键是，他认为景气周期无非是从一种静态循环过渡到另一种静态循环。那么，怎么来证明他这种说法的正确性呢？熊彼特主要列出了三个理由。第一，新的组合在它扩散的过程中"给静态企业提供了基础"（1912：436 页）。企业家盈利减少，便成了这场竞争的受害者，一个公司新成立阶段之后就是它**静态化的过程**"（1912：437 页）。第二，每一个创新都会改变现今"国民经济的静态价格和价值系统"（1912：437 页），以此逼迫处于"彻底毁灭恐惧中的"不再活跃的公司有所行动。最初的静态平衡中发生的这种干扰激活了"国民经济各方面"的力量，可以理解为是去"**重建被干**

扰的平衡或者追求一种新的平衡状态"（1912：439—440 页）。第三，这些不断改变的条件同时削弱了静态企业以及新公司的规划基础。事物进一步运转的不确定性也在增加。新事物的扩展和旧事物的淘汰范围越广，越来越多的动态推动失去力量，公司运行的道路就越来越安全。能自我调整的新静态条件使规划变得更加简单，并且为创新带来的新一轮波动拓宽了基础。

熊彼特认为这种系统必然会不断地追求一种新的静态。他还认为，一般均衡理论阐述的是"一种数学可证的公式，并且这种均衡只有一个并且是确定无疑的一个"（1912：446 页）。而关于这种均衡的确定性以及稳定性熊彼特并没有给出证明，此前熊彼特在对过渡阶段规划基础腐蚀的简单描述中也没有说到这一点。我们怎么能根据一种并不确定的情形去准确预见公司行为以及它最后的结果呢？熊彼特在这里用一种"技术浪漫主义"的方式代替了严肃的分析。

熊彼特还说到"静态化过程"。这个过程"对所有的价值和价格都有审判权"（1912：48 页），旷日持久，并且牵涉到"一大批清理"。这些清理"没有损失、不摧毁大量的价值和希望以及不毁灭经济实体是不可能存在的，这总是一个痛苦的过程"（1912：449—450 页）。在《资本主义、社会主义与民主》（1942）一书中，熊彼特把它叫作"**创造性毁灭**"。这个过程有多痛苦，不能一概而论，在有利情况下经济衰落只存在于扩张系统相对平和地往静态系统的过渡当中，在不利的情况下就会导致"整个国民经济的灾难"，导致"价值和价格系统的崩溃以及无数经济实体的毁灭"（1912：452 页）。关于清算阶段的长度也不能一概而论。

单个公司和银行的破产可以引发下一个公司和银行的破产，从而提高了恐慌以及"普遍崩盘"（1912：453 页）的可能性。"繁荣和清算之间的转折点是最危险的"（1912：454 页），而清算过程的强度，是偏向无害还是严重，总是取决于"往均衡靠近的这种运动"(1912：455 页)。即使这里体现的是熊彼特的均衡乐观主义，也不能否认这种均衡是明确的并且独立于经济系统选择的路线。熊彼特的动态观在今天看来还不够动态。

上面所说的转折点，按照熊彼特的说法最有可能的就是"危机"。他补充说道："必不可少的、本质的、原则上最有趣的并不是危机，而是一次又一次出现的清算过程，即国民经济价值系统的大重组。"(1912：457 页)这些都是经济生活"波浪式运动"不可缺少的组成部分。我们所观察的股市恐慌、破产以及信贷收缩等都仅仅只是"表面因素……只是更深层更本质过程的表现形式"(1912：459 页)。马克思也以类似的方式区分过本质和表现形式，两位作者把货币和金融体系的过程都首先看作是真实经济部分的过程表达，这个过程会被创新彻底推翻并且影响资本投入的收益率。

"危机可以被阻止吗？"熊彼特最后问道。他乐观地认为，危机的强度"随着不断增长的经济文化以及对发展事实的了解和经验的增加"(1912：461 页)就会减弱。经济主体以及经济政治的决策者随着时间的推移会学到怎样更好地去行动以及避免那些"无目的、无意义的恐慌"。这就需要财政金融领域的稳定和调控，这也是阿图尔·施皮特霍夫所持有的一个观点。通过这种方式经济发展的过程也就不会失去它的"本质特性"(1912：462 页)，尤其不会失去它的周期本质。

熊彼特和阿图尔·施皮特霍夫

1926 年《经济发展理论》第二版出版的时候，熊彼特已经是波恩大学的教授，并且和那里的同事阿图尔·施皮特霍夫是长时间的朋友关系了。施皮特霍夫是世界领先的经济学家之一，他的成名作是 1925 年发表在《社会科学小词典》上面的散文《危机》，这篇文章涉及面广泛并被翻译成了多国语言。那熊彼特和施皮特霍夫是怎样评价彼此的成就呢？

在《危机》这篇散文中，施皮特霍夫把熊彼特的学说归入理论派"内力作用下变动着的状态"——按照这一理论派的观点，周期是来自系统"内部"的。施皮特霍夫把自己也归入这一理论派中，他对经济形势的分析描述和熊彼特的观点有很多的共同点。

施皮特霍夫认为，内生的周期是工业革命之后产生的现象，周期的长度大概在7—10年间变动。最好的经济情况指示器就是钢铁的生产和消费。所有的生产部门都要直接或者间接地使用到钢铁，从一定程度上来说我们是生活在钢铁的时代，而钢铁的消费能很好地反映经济发展的状况，一个社会的周期形式和经济风格是紧密相关的，这个观点在熊彼特的作品中也反复出现。所以这里我们要处理两个内生性：经济周期是经济系统的周期，反映的是与之相应的**经济风格**；同时又反作用于经济风格，并去改变它，因此也间接地改变自身。施皮特霍夫的主要关注点是"尤格拉"经济周期，但是他也提到了"康德拉季耶夫的长波理论"。和熊彼特的观点一样，创新在施皮特霍夫的构想中也发挥着重要的作用。

熊彼特在第二版的《经济发展理论》（1926）以及《经济周期循环论》中多次探讨了他这位亦父亦友的同行的作品。他高度赞扬了施皮特霍夫的作品，并且讨论两人之间观点的差别。施皮特霍夫认为，经济萧条时期会造成失业率上升、资源闲散以及信贷需求减少，同时会导致工资、租金以及利息的下降，而这恰恰给创新者提供了有利的条件，因为他们所需资源的价格不会马上或者根本不会上涨。繁荣的契机不是熊彼特所认为的对已被充分利用的资源作出有利于动态公司的再分配，而是怎样利用闲散资源。熊彼特部分地接受这种异议，但是仍坚持认为已经开始的繁荣会按照他所描述的机制运转。

在企业家信贷对经济繁荣的重大意义上两人的观点达成了一致，但是又有细节上的不同。施皮特霍夫认为，经济萧条的主要原因是银行对负债人信任的缺失。有的公司给银行留下不能偿还贷款的印象，或者银行担心自己也会陷入没落，所以对向他们寻求贷款的公司总是抱有很大的不信任，直到个别企业家获得耀眼的成功才让银行慢慢改变看法，使他们对经济形势的好转再次充满信心。

施皮特霍夫不赞同熊彼特认为的静态循环作为一种可以实现的现实情况的观点，尤其是关于利润和利息在总体经济中可以为零的观点在实践中是无法证明的。经济萧条时期虽然无数公司破产，但并不意味总体经济处于零利润的状态。随着盈利前景的变好，经济形势也会慢慢明朗起来，这得益于世界贸易的扩张以及新技术的发展。经济繁荣一旦开始，就会像"滚雪球"一样不断往前推进：生产和资本构成增长的同时会迎来投资、消费、利润以及价格的增长，紧接着是投资的继续增长等。在实现全部就业以后，即使是农业经济领域和欠发达地区的劳动力资源也会被充分吸收进来，呈现的结果就是"螺旋状的"自我推进的一个运动（施皮特霍夫，1925:74—75 页）。

经济的繁荣必然会造成资本货物的"过度生产"，尤其是钢铁，从而影响利率的增长。未被充分利用的生产能力以及不断增长的信贷利息压制着投资和消费，从而导致建筑活动的回归以及股市价格的下降等，最后就会出现"危机"，导致信贷市场崩溃以及越来越多的公司丧失偿还能力直至破产。资本过度积累的阶段不能从经济政治上真正避免，但是危机却可以通过财政金融领域的调节和稳定政策来减少。经济衰退是随着生产可能性和有效整体经济需求之间的不协调以及不断增长的失业率而来的。

熊彼特还强调了他和施皮特霍夫在以下解释中的不同，即创造额外购买力发挥着越来越重要的作用,另外资本投资在时间上并不是统一平均分配,而是有时间间隔地成批出现。在对此的解释中,两人唯一的重要区别是,熊彼特认为这些情况导致了繁荣的结束和衰退的开始,而施皮特霍夫认为这里导致的是资本的过度积累。施皮特霍夫对这一情况的描述是恰当的,可是更深层的原因在哪里呢? 对于熊彼特来说新公司的成批出现以及随之而来的产出扩张都是发展过程中很重要的因素,"新事情不是单纯从旧事物中产生出来的,而是并列产生并在竞争中消除旧事物"。这便是"创造性毁灭"中**破坏性**的那一部分,它也导致了发展过程中的断层现象。

熊彼特的资本主义观点中没有恒久不变的量。现代经济中唯一的常数就是它的永久变化性和不安定性,虽然创新碰撞了发展的过程,但如果没有后来公司在生存战中的模仿,创新对于其本身来说意义并不大。创新先是给新事物一种不可抗拒的推力,正当这个过程全面展开的时候,它后面已经潜伏着要取而代之的新事物的竞争者。

熊彼特在他《经济发展理论》的第一版里用了 80 多页来讨论他和其他学者观点的不同以及经济发展过程的几个方面,这几个方面已经超越了狭义的经济观,上升到了社会和文化层面。

国民经济概况

熊彼特对以下问题再次进行了讨论,即国民经济的发展是否可以理解为对外在数据变化的适应或是系统本身内在变化的反映。他在这里进一步讨论了发展的五个**"环境要素"**(1912:474 页):(1) 人口增长;(2) 资本增加;(3) 生产方法的进步;(4) 工业社会经济组织的进步;(5) 需求的发展。传统理论把这些因素看作是外在变化,仅关注由此引发的参与者以及经济所做出的适应。

本质上来说这并没有错,在我们对这些变化的原因缺乏认知的情况下这是唯一可行的解释。在进一步的观察中,经济发展多次显示了外在变化是由内在力所引发的,比如人口的增长就符合这一情况。这在古典经济学时期是被公认的。托马斯·罗伯特·马尔萨斯(Thomas Robert Malthus,1766—1834)就提出了人口增长和经济状况相互依赖的观点。但是马尔萨斯完全错误理解了它们之间的关系以及当中的原因,因为他忽视了另一种内部因素的作用——"通过经济发展为新增长的人口创造经济空间"的创新。熊彼特补充道:"马克思曾简洁地说过这样一个句子,'资本主义凭空变出了那么多的人口'。事实确实如此,可其间的因果却不能清楚地洞察,至少从本质上来说,人口的增长是发展的结果而不是原因,它也可以成为进一步发展的动力。"(1912:478 页)

提到第三和第四个要素,即技术和组织方面的知识扩展,熊彼特是非常坚定的。在这一点上,他和古典经济学以及马克思的观点是一致的:"不是发明带来了资本主义,而是资本主义创造了它所需要的发明。"(1912:479 页)关于资本的形成,也就是第二个要素,他强调说,在传统的理论中节省被赋予了过于重要的作用,节省更多的是发展的结果,而不是发展的原因。

还剩下第五个要素,即需求的发展。熊彼特讨论了心理学和社会学中所认为的处于不断变化中的需求本身就含有发展推动力这一解说。他把这些解说全部推翻,并总结道:"需求的发展是已存经济发展的产物,而不是它的推动力。需求的发展是经济发展的伴随现象和结果。"(1912:485 页)

原则上来说,我们所观察的变化都是内在的,并和发展过程有着紧密的相互作用。在这一点上,熊彼特没有放弃他的经济静态学构想,并没有用发展的理论来代替它。这两种理论和不同的事实有着千丝万缕的复杂联系,并且是互补的。即便熊彼特这样的改革者也被旧事物彻底的摧毁力所惊吓而有所退缩，他认为与实际经济不同的是，经济学里的新事物是可以从旧事物里产生出来的，并且两者可以和平共存，重要的是我们要知道什么时候使用静态理论，什么时候使用动态理论。

发展和均衡是相互排斥的

熊彼特认为发展和均衡是"相互排斥的对立面"，在这部作品接下来的章节里他更加极端地说道："根据内在本质，发展是对已存静态均衡的一种破坏，并且不会再去追求同种或者任何一种另外的均衡状态。"（1912：489页）发展并不是"一个有机的统一体"，但它遵循一种数年后会重复出现的波形运动模型。熊彼特并没有把"单方向的"向上和向下运动纳入到《经济发展理论》第一版的讨论中（1912：492页）；这些在后来才对他意义重大。

发展等同于进步吗？

工业生活总是不断地被创新而产生变革，创新"最本质的意义"就是创造新的商品种类和更多的商品量以及给"技术和商业提供更大的便利性"。但是熊彼特又补充道："发展给社会带来的是安康还是贫困，是让社会生活变得丰富多彩还是畏缩不前，这取决于我们之前所描述的发展模型的具体内容。尤其要注意的是，这里我所说的并不包含评判。"（1912：492页）他在这里有意识地提到了发展而不是进步。那么关于发展的成本和效益，并联系到不同的社会群体，他的观点又是什么呢？

熊彼特在社会经济变革中既看到了成功者也看到了失败者，还有那些标志着进步与否的阶段。在他的作品中,进步乐观主义和文化悲观主义是紧密联系在一起的。

毫无疑问的是,基本上没有哪一种经济创新可以给所有的社会成员带来利益。例如,一位企业家成功地组织了一个垄断的工业部门,产品价格的提高就意味着"对消费者利益的间接损害"(1912:494 页)。其他的创新类型首先是以企业家利润和利息的形式使得成功实施它的企业家以及资助它的资本家获利,但损害的是消费者的利益。当然中期随着商品价格的下降参与者也会从中受益,不用通过"个人工资"(1912:495 页)也会使得实际收入增加,**"事实上,在国民经济中,中底层人们的富裕水平的提高与企业家圈子里财富的形成在理解上是有本质区别的"**(1912:501 页)。

但是我们描述的这种上涨运动和"许多经济主体境况的下降运动是相对的"(1912:501 页),"是发展摧毁了更广范围的经济主体生存的基础。当然不是一下子,而是慢慢地进行,而亏损只是发展的另一面"(1912:503 页)。在这部上演的"戏剧中"①回响着"那些被压碎的事物的喊叫声……而新事物的车轮就是行驶在这些被碾碎的事物上"(1912:503 页)。

资本主义比其他经济系统具有更强的社会活动性。

技术性失业

熊彼特在提到发展效益的中期结算时说道:"发展尤其能使工人和地主盈利……发展带来的所有源源不断的功绩最终全部归于他们。"(1912:504 页)"失去社会地位的这种特殊情况"(1912:504 页)与上面所说的结果当然是背道而驰的,这里有些东西必须要好好探讨一下,即机器代替劳动力以及

---

① 这里的戏剧就是前面作者用到的比喻,指创新的过程。译者注。

技术性失业的危险。这个问题大卫·李嘉图在《政治经济学和赋税原理》[①](1821)第三版著名的第 31 章"论机器"里已经论述过了。在前两版里李嘉图还乐观地认为,机械化对劳动力的释放可以通过经济系统的迅速扩张得到相对快速的弥补,现在面对特定形式的技术进步,他对这种补偿却抱有消极的态度。

熊彼特最后说道:"失业这一现象用纯理论的手段,也就是说从经济机械论的本质出发是不能够完全得到解释的"(1912:509 页),问题在于,"越来越多新机器的引进使得不断有新的工人被解雇,国民经济中就一直存在一部分的失业者,而且会随着发展越来越多"(1912:509 页)。虽然没有明说,但是我们很清楚地知道,熊彼特在这里引用的是马克思的**产业后备军**理论。熊彼特并不认为这一有争议的情况具有很大的意义,因为在他看来正是发展提高了对劳动力的需求,只有成批的失业才可以用上面的理论进行解释。

当然造成失业还有第二个原因:经济萧条时期所呈现出来的经济清算和重组的过程。萧条只是发展过程中的一个因素,是为下一次繁荣创造前提,在这个过程中出现的失业也是暂时的。熊彼特认为,持续的失业不能用经济理论进行满意的解释,如果要去解释它,作品里就必须考虑到多种同时起作用的原因。

静态和动态理论的关系

通过上述内容我们了解了熊彼特的静态和动态理论在分析经济现象中的劳动分工。静态理论解释的是"所有这一切确实需要解释"(1912:513

---

① 原文名为《Principles of Political Economy》。译者注。

页),包括在萧条时出现的以及受某种特定经济主体类型控制的间歇点。它通过可准确计算及可优化之间的比例,很有说服力地论证了经济的理性因素。间歇点之外的地方就是动态理论发挥作用了。熊彼特认为,国民经济学讨论的"本质上就是两组不同的事实,而不只是两种理解方式"(1912:513页)。这些事实组合也指出了"经济生活展示出来的这种制约和自由独一无二的结合"(1912:514页):静态经济是一种体现制约的王国,而动态经济则是属于自由的。

这种建立在"经济过程两重性理解"(1912:515页)上的新视角要求对理论框架进行新的安排。这一安排需要考虑以下几个重要因素:(1)企业家不仅严格区别于作为风险承担者的资本家,而且区别于一般的或者商业性质的企业领导者,也区别于为自己利益工作的静态经济主体;(2)生产出来的生产资料不能形成独立的生产因素;(3)"为了给有关资本产生和财富形成的另一个理论腾出位置"(1912,517页),节省这一因素要退居二线。传统理论中一直居于首要因素的节制以及"不被重视的未来享受"在现在的解释中也只是处于很"次要"的地位(1912:518页)。

资本主义的社会结构

这一章的最后指出了企业家在社会以及"资本主义经济社会氛围中"的地位。企业家固有的控制力表明了他在经济领域的领导力和社会上的感召力。这个处于社会金字塔顶端的位置体现在以下方面:经济上的成功保障了企业家在其他领域的影响力,包括政治上的,"尤其他会拥有政治和社会上的权利。艺术、文学以及整个社会生活都会对他做出反应,就如中世纪时代骑士的影响一样"(1912:526页),之后"赚钱便成了追求社会地位以及具有浪漫主义色彩的一种职业"(1912：526 页)，生活方式和鉴赏力的标准也不断以企业家为榜样，"领导的价值观最终也会成为大众的价值观"(1912：526 页)，连建筑也免不了受企业家们的影响。考虑到以上这些情况，那么企业家在社会生活中的印记就基本上无处不在了，经济和社会的重组过程都是企业家引起。

企业家是一个"**社会阶层**"吗？熊彼特对此进行了坚定地否决："企业家是用他的人格在做赌注，除此以外别无他物。他作为企业家的身份是和他的成就联系在一起的、和他的干劲同进退。从本质上来说，他的这种身份是暂时的、被命名的，并且是不可继承的：这种社会地位不会传给他的继承人，就像狮子的后代可以共享战利品却不能继承它们的利爪。"(1912：529 页)企业可以国有化，但是"企业创造者的头脑"却不可能国有化(1912：529 页)。熊彼特关于公司诞生、崛起以及其不可避免的情况的观点和阿尔弗雷德·马歇尔关于公司生命周期的构想是有明显共同点的。

熊彼特认为社会阶层以及阶级对立面的概念很难把握，人们对它们的理解通常都建立在一些偏见上面。被广泛鼓吹的企业家和工人之间的对立也是建立在这样一种严重的误解上面，实际运转往往不同于利益的冲突情况，"企业家和工人都是商品所有权关系的典型敌人，两者在很多情况下都是共输赢的。企业家是工人的第一批客户，通过企业家，工人们的境况能够得到不断的改善"(1912：533 页)。相比而言，企业家更多的是公司及其所有者以及和所有者合作的资本家的对手。正因为如此，企业家的成功才会常被赞叹，他们的盈利也被很多人认为是"掠夺"，"这样一来，在发展过程中人们几乎能在所有的社会阶层中听到低沉的抱怨声"(1912：535 页)。

在所有的生活领域，包括艺术、政治、科学以及经济领域，人们总能遇到精力充沛和理性的参与者，到处都是强调领导者"行动的力量而不是其思想的力量"(1912:544 页),在哪里都是"有执行力的人格排在第一位,接下来才是他们所代表的那些新事物"(1912:545 页)。熊彼特把所有这些领域称作是一个民族的"社会文化",一个时代里文化水平的不同因素是彼此制约和包容的,经济在文化发展的总叙述中也占有一定的位置,它影响着其他的文化因素,同时也被其他因素所影响。熊彼特提出的经济过程两分法模型也可以运用到其他的领域。他在本册书的结尾呼应了之前介绍过的名言——**我提出的不是假设**(Hypotheses non fingo):"我们的观点不是标语,也不是一种观察的结果,而是一种已经被证明了的方法的结果。"(1912:548 页)这个观点却遭到了老师庞巴维克最严厉的反对。

对熊彼特的批评

与庞巴维克的争论 1913 年庞巴维克(1913a)对熊彼特的资本利息"动态"理论提出了严厉的批评,同年熊彼特对此做了详细的回应(熊彼特1913),接下来庞巴维克又作了最后的回复(1913b)。这两个人真是互不妥协,一边是熊彼特试着把自己的观点伪装成庞巴维克观点的一个"扩展",并提到"他们的思想从根本上是一致的"(1913:610 及下一页),但庞巴维克并不买自己学生的账,认为熊彼特的构思是"完全的失败",是"歪理"、"邪说"(1913a:2 和 61 页),"他的理论体系是根本站不住脚的"(1913a:12 页)。

庞巴维克的批评 庞巴维克提出疑问:熊彼特的构想逻辑紧密吗? 和客观事实一致吗? 这两个问题的回答都是"不是的"。熊彼特的论点中利息只是暂时性"动态"经济阶段的一个现象,无论理论还是实践都无法得到证实。他总结道:"资本一直都是也将会继续保持作为**静态的收入分支**。它的存在并不是由巧夺天工的自然所决定的,而是长期存在于一个平庸而又模型化的世界里"，"不可能是本质的一种动态现象！"（1913a：2 和 57 页）熊彼特"沉醉于深邃独特的想法中"，却没有去进行"理性审慎地拷问"（1913a：2页）。

庞巴维克还详细地指出了熊彼特的以下几点问题：第一，他要么"根据实际需要矛盾而更换或改变"（1913a：14 页）使用的概念，要么给出的是"模棱两可无定论的辩证法的模型样本"（1913a：23 页）。他先是极其有限地去定义"静态经济"，然后又把它当作是动态因素以及利息现象。一方面认为"企业家"是小部分的精英群体，另一方面又把他们等同于其他所有的商人，"从狭义层面上推导出前提，却又从广义层面上去得出结论，这明显是**逻辑上的错误**"（1913a：14 页）。

第二，虽然名义上熊彼特拒绝庞巴维克基于"三个理由"上的利息理论，但是在很多地方可以发现他是认同这一理论的，只是用了"复杂的措辞"来试图掩盖这一事实。庞巴维克也满意地说道，"对于某些事实能够产生利息的事实性"就是"无可否认的"（1913a：57 页）。

第三，熊彼特关于不产生利息的"静态循环"的构想是站不住脚的，因为需要年租金的土地价格可以达到无限高。谁要是拥有了这样一块土地，就可以从今往后永远地享有租金。而在没有利息的情况下未来的租金支付是不必要贴现的，那么土地的价格就是所有这些支付的总和，是无限的。而这一点在实际中是观察不到的。

第四，根据熊彼特的观点，资本的本质在于"购买力"（1913a：10 及下一页），而这个意义上的资本只适用于动态经济。同时，不可否认的是，在静态经济中根据股本的大小会开辟一条长的生产弯路，由此多少会提高劳动力和土地这种原始因素的生产率及收入水平。依赖于股本大小的生产率同时也是某种程度的高利率来源。这里体现的是一种"精心引入的计算公式"，熊彼特在这里并没有像之前的文章一样对其全盘否定,这样就使他自己陷于一种"充满矛盾的不确定性"中(1913a:16 页)。庞巴维克总结道:"利息可以也只能在静态环境中发展。"(1913a:29 页)

熊彼特在关于利息的解释中犯了一个"后果极其严重的……纯商业方面的肤浅的错误,那就是在确定有效信贷范围时认为是货币以及支付方式发挥了最本质的作用,而不是国民经济中真实存在的货物存量"。庞巴维克几乎不能自已地说道:熊彼特的资本概念属于"最让人难过也是最有害的",因为他总提到"从真实货物存量里分离出来的抽象的价值总量或者'购买力'总量",却又只是让它们保留在"空概念"上。在科学领域怎么能持有一种"完全犯有时代错误的资本概念",却还试图把它纳入"精密科学"当中呢(1913a:31 页)? 熊彼特的这种构想是经不起现实考验的。熊彼特只有在他每一个固执己见的观点上都留有一个后门,才能掩盖这种经不起现实考验的情况。熊彼特一再拒绝"给出确定的回答",尽力想把"已存的这些模棱两可的观点串联起来"(1913a:43 页),所以他会不断改变自己的说法,观点前后矛盾。庞巴维克认为熊彼特的观点无论从整体还是细节上看都存在问题(1913a:45 页),有大量的事实能用来反驳熊彼特关于无利息状态存在的观点。

"真正的利息理论"必须能同时有力地解释利息形成以及总经济利息量大小的原因(1913a:53 页)。如果说作为基础的利息只是那些最先开始的经济变革所具备的第一批"价值波",并且是从企业家利润里分离出来的,这样怎么能行呢? 首先就有一个情况是与之对立的,"在比较富裕的国民经济里资本利息收入绝对是国民收入里不可忽视一部分"。第二,资本利息洪流绝对不可能只间歇性地流过"经济繁荣时期",而是持续不断地也存在于"经济萧条时期"(1913a:54 页)。这样说来,资本家们赖以生存的货物流就只能来源于"短暂易逝的企业家利润的间歇时期以及每一次当下发生的改革带来的额外收益中……这种**正在**干涸或者已经**干涸**的来源在**普遍**的经济萧条阶段可以带来数十亿的资本利息吗?"(1913a:55 页)这,谁又会相信呢?

关于熊彼特的理论庞巴维克总结道:"不仅在一些主要问题上,而是整个理论都有问题,还包括在一些次要的地方以及无数的偶然表达中。"(1913a:61 页)像熊彼特这样的"出色理论头脑"怎么可能会犯错呢? 庞巴维克推测道:"有天赋的作者创作起来似乎都很简单迅速,这既是一种很让人羡慕的上天恩赐,同时也可能是很危险的。"(1913a:61 页)

熊彼特的回答　同一年,熊彼特回应了他这位"极受尊敬的老师和对手",这位老师"在这个问题上拥有最高的权威"以及创作了经济学领域最伟大的作品之一。庞巴维克的某些异议熊彼特认为充其量只是"出于想让人出丑的本性",假装"用我话语的亮片做外衣去遮盖他那些荒诞的东西以及不符合实际的推测"(1913:600—601 页,611 页)。当然这些批评都是不恰当的。一开始熊彼特就说道,"没有哪一个反对意见是能让我感同身受的,我觉得我可以毫无例外、轻而易举地对每一个异议进行回答"(1913:599 页及下一页),但是他也能理解,毕竟自己与正统学术观点不同的意见总会遭遇阻力(1913:633 页)。

熊彼特一方面坚持自己观点的新奇性,另一方面却又在接下来的篇章里一再想证明他和庞巴维克理论之间所谓的差别是不存在的或者是比批评者所认为的要小很多。从以下原因来看,熊彼特的做法也没有错——"事实上我的思路直到细节都是经过多年的斟酌。他的观点也是经过了他上千次的证明。"(1913:366 页)庞巴维克听到这样的话估计一时之间会惊异得说不出话来。

如果我们更仔细地看熊彼特的回答,就很快会发现这两位作者的观点之间还是有不可逾越的差别。庞巴维克关于利息普遍存在的观点在熊彼特看来仅仅只是一种对正确性以及"三个理由"永久适用性的"信仰"(1913：633 页)。当然,这种说法也是有争议的,尤其是作为第二个理由的"心理低估作用"并不是"利息产生的独立、主要原因"(1913：639 页),所以不存在确切的事实来说明"南方黑人经济中"存在有资本利息。因此这一个理由是不能得到证实的(1913：604 页)。熊彼特坚持认为,"如果一个经济没有新创企业的出现,就不会存在生产利息"(1913：603 页)。

庞巴维克认为主动的节约并不是发展的关键。熊彼特也承认,发展依靠的是借助新创造的购买力形成的"强制性节约",而这部分购买力正是由静态参与者抽走的货物量所创造的(1913：605 页)。但他还是坚持以下观点:企业家需要购买力和资金,而不是一种天生就确定好了的基本生活保障;相对应的利息是一种货币以及信贷经济现象,而不是真实经济现象。这一点和庞巴维克的观点是一致的。

有批评说,熊彼特对企业家的定义一开始很具体,后来却变得很宽泛。对此熊彼特是这样回复的:"企业家类型和静态类型就如天才和病理性愚笨一样是很难严格分开的——这两种情况下两者之间都存在一个逐渐过渡的阶段。"(1913：632 页)一旦"资本主义发展的机器"运作起来了,那么也就会有越来越多的人成为企业家。

庞巴维克的结束语 庞巴维克还作了以下回答(庞巴维克,1913b)：静态理论不局限于静态经济,还可以用它通过比较静态分析来研究不同的经济状态。熊彼特在引入企业家概念时用到了很多众所周知的"特殊词汇"以及"夸张的论述",并且过度吹嘘"企业家素质的稀有性"(1913b：644 页)。这导致了几乎快要消失的一小部分发展承担者以及可见"具体额度利息"之间"惊人的不平衡"(1913b：645 页)。针对这样一种两难境地,熊彼特做出的选择是,放弃之前的狭隘定义,把追随发起人的"一大帮"(1913b:653 页)企业家都包括进来,并且把利息现象深刻地理解为整个的经济同时还包含经济中的静态部分。如果静态企业经理人也要为资本付利息,那我们又如何严格地断定静态循环中不存在利息呢?

"重要的"是,我们是否能从给出的前提里找到一条"逻辑的路线"推导出熊彼特或者是庞巴维克的结论,得出"唯一动态或者静态的'生产利息'"(1939:646 页)? 对此庞巴维克作出了明确的回答:因为熊彼特在回应外界的批评时作出了"承认","毫无异议地证实了我所说的所有前提",这样的话熊彼特就得放弃自己的观点来附和庞巴维克。如果不这样做,就会违背"在同一个关键事实点上统一思维定律的使用"(1913b:648 页)。

1934 年发表的《经济发展理论》英文版是以 1926 年德语第二版的修订版(大幅修改)为依据的。英文版在美国和英国都受到了认可。一些德高望重的经济学家,如美国的韦斯利·克莱尔·米切尔(Wesley Clair Mitchell)、欧文·费雪以及弗兰克·陶希格对熊彼特的成就都给出了一致的赞赏。

萨缪尔森的批评 我们从庞巴维克针对熊彼特关于无利息经济循环运转观点的攻击中,只能很模糊地看到从短缺生产力以及边际生产力理论角度提出的异议。熊彼特以前的学生保罗·安东尼·萨缪尔森(Paul A. Samuelson,1943)在熊彼特的有生之年补充说明了这种异议:只有当所投入资本的量达到了作为原始生产资料的劳动力及土地所要求的水平,并且这时资本的边际生产力趋向于零时,利率才会趋向于零。这种情况只会出现在资本处于饱和的状态下,而这种状态是不会出现的。

在这一点上,熊彼特的构思陷入了进退两难的境地。一方面他想以重要创新者、改革家的身份带着他的资本利息动态理论载入经济思想史,但同时在一些关键点上又还是依附于传统（瓦尔拉斯）理论。全新观点和传统观点之间是不能彼此相容的，不同理论因素和观点之间的矛盾不可避免，而熊彼特的动态理论是一个介于新旧之间的**半成品**。

其理论在思想史上的定位

最后再提一下和熊彼特思想有关的几个先导者。亚当·斯密在他的《国富论》以及卡尔·马克思在他的《资本论》里就提到了用"新组合"来代表创新。这个想法还可以追溯到阿尔伯特·晒夫勒的成就。晒夫勒从1868年开始在维也纳任教了一段时间，并对很多的奥地利经济学家产生了影响［亨宁斯（Hennings），1997］，当然也包括熊彼特［博尔夏特（Borchardt），1961］。晒夫勒不仅先提到了熊彼特所说的技术、组织和商业创新，在他之前的德国作家同样也指出了发展过程中企业家角色的关键作用［施特赖斯勒（Streissler），1994］，另外他还提到了创新后成批出现的模仿者的重要作用。熊彼特对企业家的描述无不体现了他的老师弗里德里希斯·封·维塞尔对领导者才能的观点。熊彼特在《经济发展理论》第二版里就引用了维塞尔的"领导力的社会学"。

为了更好地看清熊彼特的思想，我们需要比较一下古典经济学中对利润和"超额利润"的区分。古典经济学家认为，在竞争条件下经济系统趋于一种统一的利润率状态，而创新带来了一种针对价格以及收入分配的新"引力中心"。成功的创新者一段时间之后除了基准利率之外还想获得超额利润，也就是李嘉图所说的"剩余利润"。在熊彼特这里指的无非就是古典经济主义里的超额利润以及在经济系统里随着创新的扩散和普遍化对超额利润的慢慢腐蚀。熊彼特在讲到这一核心问题的时候应该更多地考虑到古典经济主义的分析材料,这样的话就不会得出当经济系统中出现新的长期均衡点时利率为零的结论了。

4. 《经济周期循环论》

这部将近 1100 页的巨著的副标题是:**对资本主义过程的理论性、历史性以及统计性分析**。① "对景气循环的分析无非就是对资本主义时代经济过程的分析",书的开头就是这么说的(1939:v)。著作的第一册主要介绍熊彼特针对这一过程的理论基础以及历史进程的分析,第二册主要是针对前面所论述的进行统计证明。在前言部分熊彼特就说明了这本新著作和《经济发展理论》之间的关系:《经济发展理论》提供了基本的"框架",在这一艰辛工作的基础上我们才能建造出"房子",它②补充了之前所缺失的历史性和统计性部分,并且"拓宽了之前的视野"。这些历史性和统计性的材料主要来源于三个国家:美国、英国和德国。熊彼特给我们提供的"从根本上来说无非就是一个很实用的常识"(1939:v)。但后来他又说到,读者可能会认为这种观点的结构**"复杂"**。《经济周期循环论》尤其是第一册主要是在《经济发展理论》观点的基础上进行的某种修改和补充,读者很难注意到其中的新东西。

经济变革的原因

熊彼特的研究目标之一是更深入地了解经济发展过程,同时也是为了

---

① 原文为:A Theoretical , Historical, and Statistical Analysis of the Capitalist Process.
② 在这里指《经济周期循环论》。译者注。

推行一种更好的经济政治。由此看出，熊彼特明确表示他的分析"是不会给**自由放任**的普遍原则提供根基的"（1939：vi）。

《经济周期循环论》的前四章实际就是《经济发展理论》前六章的内容。另外，熊彼特还介绍了有关发展主题的一些早期研究，例如对不同市场类型的分析（双边垄断，寡头垄断和垄断竞争）以及罗伊·哈罗德（Roy Harrod）和米哈尔·卡莱斯基（Michal Kalecki）的早期动态经济理论作品。引言（第一章）之后的第二章他就开始讨论静态循环流转并且反复提到这种循环"作为基准点对于我们的研究和判断绝对是必不可少的"（1939：69 页）。

第三章是针对系统是如何产生"变革"这一问题进行的讨论。值得注意的是，他用**改革**这个概念替代了发展的概念。熊彼特现在对创新的定义比"创立一种新的生产功能"（1939：87 页）更"严格"了。事实上他也尝试着用古典主义的概念去推销自己的观点。熊彼特认为，只要出现了创新，那么与每一个要素相关的边际产品就不再随着要素投入量而单纯地下降，"创新会冲破每一条'曲线'，用一条新的曲线来替代"（1939：88 页）。经过观察他给出了以下几种创新的运转方式：(1) 创新需要时间并要求股本重组；(2) 创新一般以新公司的形式出现；(3) 创新总是和新领导者的崛起联系在一起。这些都只适合于竞争资本主义而不是现代的托拉斯形式的资本主义，但有一点是一直适用的，那就是创新主要是出现在"年轻"的企业里而不是在"老"企业中。因此，上面的第三点作为最初的研究对象是具有一定的历史条件性的（1939：97 页）。和创新紧密联系在一起的进步既不稳定也不协调，但"改革从本质上来说就是不对称、不持续、不协调的"（1939：102 页）。他反复说到企业家行为有着"独一无二的作用"（1939：103 页）。马克思把当时认为节约是财富来源的流行观点看作是"儿童插画书"（1939：106—107

页),熊彼特对此很赞同。

资本主义的发展有两个新的趋势:第一,"技术研究会不断机械化和组织化";第二,"对新路子的抵制"会越来越弱(1939:108 页)。这种趋势会使企业家的社会地位越来越高。另外我们也经历过企业家作用不被重视的阶段,在这个阶段,"小资产阶级开始显现他们的弱点并且被成功地攻陷了"(1939:109 页)。这个主题在《经济周期循环论》里多次出现,并且成为三年后出版的《资本主义、社会主义与民主》一书的重点。

熊彼特对信贷和资本作用的观点也是众所周知的。法国 18 世纪初爆发了超级通货膨胀,导致了货币金融市场的最终崩溃,约翰·劳(John Law)对此负有直接责任,但熊彼特并没有指责他"创造了一种真空的支付方式,只是用它来实现的目标失败了而已"(1939:114 页)。货币的扩张应该要有利于经济的革新,熊彼特认为大概有百分之九十的由企业家梦想者送往银行寻求贷款的方案满足不了这一要求,所以他在这里比在《经济发展理论》中更进一步强调独立又有能力的银行家对于发展过程的重大意义。

经济变革的轮廓

熊彼特在第四章里讨论的主要是革新的开始阶段和扩散过程。这样一种起初并不起眼的推动是怎样继续扩展,最终遍及整个经济系统的?企业家发起人创造了"新的经济空间",但是它真实的大小只有随着新事物的执行才会逐渐显现出来。在这里纯粹的宏观经济分析是不适合的,因为"这种分析并没有给我们讲述出整个故事,而是把故事中最本质也是唯一有趣的点剔除了"(1939:134 页)。这个观点我们可以看作是对凯恩斯的批评。因为三年前凯恩斯发表的《通论》就是围绕宏观经济的论述,但并没有重视创新对于经济发展的作用。

熊彼特强调,他给出的关于周期性发展的解释都是有历史事实依据的,"它们所在的时期是稍纵即逝的"(1939：144 页),这里指的就是自由竞争的资本主义与垄断资本主义的区别。"是否是资本主义变革本身创造了一种致使它走向灭亡的社会环境"(1939：145 页),这个问题熊彼特多次无意间提到过,在本书里也提到了后来在《资本主义、社会主义与民主》中出现的几个观点。

每一个经济周期都有四个阶段：繁荣、衰退、萧条、复苏。其中萧条和衰退是不一样的,萧条是一个"已经不具有机能的病理性的阶段"(1939：155 页)。这样萧条就为经济政治方面的行动提供了足够的理由,当然还有出于人道主义的原因。

熊彼特在《经济发展理论》里认为只存在唯一的一种周期,但现在他认为有**多种叠加在一起的周期**。从实用性角度考虑,他从众多的周期中选出了三种最能和实践结合起来的类型,也就是他的"三周期模型"(1939：169 页)：第一个是大概持续 50 年的长波,又称**康德拉季耶夫周期**；第二个周期是我们已经了解的持续 9 到 10 年的**尤格拉周期**；第三个就是大约持续 40 个月的,以它的发现者约瑟夫・基钦(Joseph Kitchin)的名字命名的**基钦周期**。这些周期都部分地涉及不同的经济变量,而基钦周期主要考虑的是批发价格和利率。熊彼特用图形描绘出这几个周期的嵌套,展现出一个理想型的变革过程(1939：213 页)。值得注意的是,他并没有细分到把社会产品、就业、消费以及价格水平等方面纳入进来衡量"这个看起来并不规则的"总周期,也没有细说这些不同的子周期是怎样嵌套起来的。

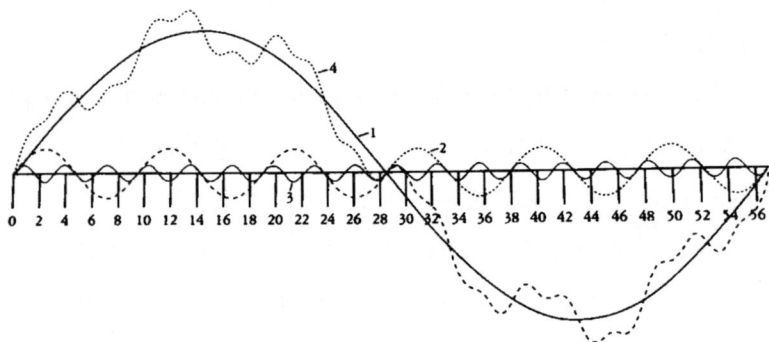

三周期模型图

三个长周期

创新通常情况下有不同的意义，有一些创新是需要一些时间去实现的，而且还会诱发其他的创新等，比如"大的创新"有"铁路网的建立"和"世界的电气化和机械化"（1939：167页）。熊彼特把工业革命看作是"不同长度互相嵌套的周期的聚合"（1939：168页），这是他划分的第一个长周期，时间从1787年到1842年。第二个长周期从1842年到1897年，也就是所谓的"蒸汽和钢铁时期"（1939：170页）。第三个长周期开始于1898年，建立在电气、化学和汽车的基础上。

在运用时间序列分析法的有限讨论后，熊彼特对三个长波进行了更加具体的分析，同时他把第三个长波的时间范围限制在1898年到1913年。（在《经济周期循环论》的第二册里他补充了对1919年到1929年这一时间段的分析。）同样值得注意的还有，熊彼特对经济理论、资本主义变革分析的统计数据及其历史的相对意义的判断。他把自己所描述的称作是"论证的

（也就是从概念上进行解释的）历史，对这段历史理论贡献出来的只是一些方法手段、图示以及统计数据，只是所有材料中的一部分"（1939：220页）。当然这里最大的意义在于给大家提供了"全面的历史知识"，如果缺少这一部分知识，"有关时间序列的研究就不会顺畅，理论的分析也会变得空洞"（1939：221页）。

世界经济危机和三周期模型

《经济周期循环论》的第二册包含的主要是对来自美国、英国和德国的可用事实资料的质的讨论，不再有深入的统计分析。这里拿来讨论的有以下几个方面的发展：价格水平、就业和生产量、所选商品的价格和数量、支出、工资和消费贷款、货币市场和股市的利率。在接下来的两章里熊彼特重点讨论了1919—1929年战后的发展以及世界经济危机。

熊彼特可以用他的分析模型来解释世界经济危机吗？他的答案是肯定的，尽管20世纪初的发展主要特点是受极具影响力的"外部"因素的控制，尤其是第一次世界大战和其带来的影响。这种影响是很难量化的，但熊彼特在第14章的"20年代的'工业革命'"这一段里坚定地认为，1929年的美国经历的就是"长周期的经济衰退"阶段。在这之前的几年里，电气、化学、汽车工业以及它们供应商的创新潜能就已经被耗尽了，"这些创新潜能实现了繁荣阶段创造的可能性，在这个基础上被继续地拉着往前走，**这样把事物都推到了衰退阶段**"（1939：754页）。结果就是失业率增长、生产过剩、投资过度，直到最终的世界经济危机。在第15章里熊彼特补充了下面的判断：世界经济危机的严重性就在于"所有三个周期的萧条期同时出现了"（1939：907页）。

世界经济危机是资本主义的死亡诏书吗？熊彼特回答说："资本主义和它的文明可能已处在衰落阶段，会逐渐被其他的东西取代走向灭亡，甚至可能会面对一种暴力的结束。前面提问的人所指的就是这种情况。但世界经济危机不能证明这一点，事实上两者之间并没有关系。世界经济危机不是系统衰弱或者失败的标志，如果它一定要是什么的话，客观说来就是代表了对资本主义变革活力的一个暂时的反应。它绝对不是一种新的事件，也不是一种表示新因素出现的一次性灾难，而是一种曾在相似拐点发生过的事件的回归。"（1939：908 页）也就是说：太阳底下无新事，只有出现在不幸局势下的熟悉的旧事物。

作品的反响

1936 年，约翰·梅纳德·凯恩斯的著作《通论》出版，书中把持续高失业率和生产过剩的原因追溯到缺少有效总经济需求以及投资不足。投资不足是高利率的结果，这又是财富所有者的一种典型的**流动性偏好**，也就是说他们更愿意持有货币或者现款。他们这样做是避免资产贬值的谨慎做法。创新和技术进步在凯恩斯的书里只是很粗略地提及了一下。

凯恩斯的书引起了轰动性反响——如熊彼特所说的那样，这是不公平的。在《经济周期循环论》中，熊彼特把他认为的资本发展最重要的因素，即创新，再次作为分析的重点，以此来对抗这位普遍受到欢迎的来自剑桥的竞争者。他确信他的作品会受到应得的关注，并能把经济学上的讨论引入新的轨道。他该深深地失望了。

来自西蒙·库兹涅茨的批评　西蒙·库兹涅茨（1901—1985）是最早的经验主义经济学家之一，1940 年他在《美国经济评论》上发表了一篇有关

《经济周期循环论》的讨论文章。他对熊彼特这些大量的有趣想法和观察表示了赞赏，但同时又提出了"很多严肃的问题和不解的疑惑"（1942：262页），尤其是针对熊彼特构想的以下三个方面：首先，关于创新"捆绑"的论点并不能够说明为什么"企业天才要等到他的前一个首创被大量地模仿和推广后才进行下一个首创，让这个失去内在凝聚力的均衡阻止他继续走自己的路"；为什么这位天才不早点"致力于新的英雄事迹，从而引发在其他行业的争夺呢"；为什么企业家活动就不能"通过模仿者的努力形成一股以稳定比例增长的持续流呢？"（1940：262—263页）

　　库兹涅茨的第二个保留意见是针对熊彼特经济周期的四个阶段模型。首先要去除数据记录中那些偶然波动的影响，而熊彼特在这里使用的最原始的统计方法是行不通的。我们知道熊彼特是从一个"稳定点"到另一个"稳定点"来测量周期的长度，这样就必须确定发展的拐点。而这比他在静态时间序列分析里确定发展的最高点和最低点难多了。

　　库兹涅茨最大的保留意见在于，熊彼特把整个经济的发展分解到多个子周期中。把历史材料看作是一个个的分解，这本身就是有问题的，并且熊彼特使用的这些方法根本不适合用来说明这一点。周期的长度、振幅、阶段等只能由定量的数据来确定，而熊彼特使用的定质分析充其量只能用来说明某一种周期的高峰和低谷。最有问题的还是长周期，它的存在"并没有得到证实"（1940：267页）。这个周期和库兹涅茨为美国和其他国家在生产数据基础上制定的长度为18到25年的周期是否一致还有待讨论。熊彼特没有系统地去运用检测过的时间序列分析法，而只是使用了"提供视觉效果的表格、图表，以及一些很难获得认同的不具体的东西"（1940：269页）。

　　库兹涅茨总结说，回过头去验证熊彼特的论点就会看到一些"让人担忧的颠覆性的结果"，"问题的关键在于他没有在原始因素和对企业家、创新、均衡水平等方面的构想以及经济活动中可观察到的周期振幅之间建立必要的联系"（1940：270 页）。

5. 《资本主义、社会主义与民主》：资本主义的宏愿

有关内容

《资本主义、社会主义与民主》①（Capitalism，Socialism，and Democracy，1942；我们后文援引的是 1946 年的德语翻译版本）是一本非同寻常的书。我们已经知道，熊彼特是一位反差鲜明的人，有着令人惊讶的转变。《资本主义》的作者是经济学家，同时也是一位富有学识和素养的社会科学家。书中不仅有大胆的论断、强有力的格言，而且包含缜密的分析和极富创新的思想组合。这些贯穿于其他所有著作中的内容，我们在这里分为两个或三个段落，以可靠的方法进行描绘，再谨慎地编排。琼·罗宾逊说这本书平衡了正教、右派、左派以及中间派的争鸣，并非毫无根据。考虑到复杂性，我们把内容简介与具体阐释分放两个章节。在紧接着的这一章节里将概括性地再现熊彼特周密的全景思想，它将带我们了解资本主义的未来，并思考哪些内容仍可为今日所用。在下一章节"政治、社会、科学"中，我们将介绍另外在《资本主义》和相关主题的著作中得到发展的最重要的思想理念。它们表明熊彼特是综合社会科学的代表人物。归为此类的还有他那影响深远的竞争性民主（Wettbewerbsdemokratie）理论以及财政社会学（Finanzsoziologie）。毫无疑问，我们会把它们与具有决定意义的资本主义愿景放在一起看待，并

---

① 下文中简称《资本主义》。译者注。

首先介绍之。为使全貌更加清晰，我们只会重点阐述理论体系的基本特征。

　　熊彼特最关注的内容是什么？这不仅仅是个修辞反问，因为这本书经常被误读。最起码这是一位保守派自由党人的书，他在危机和战争的风暴中提问，现代文明该如何向前发展。其次，此书中存在一个著名悖论：资本主义之所以终结，是因为其成就，而不是归咎于它的失误。（一个简短的，没完全理解熊彼特的观点如是说。）更详细的内容是：资本主义及其文明受到社会发展的严重威胁，而这样的社会发展恰好是**资本主义经济上的成功必然**的结果。这绝对是一个很微妙的命题。对此，熊彼特用广泛的分析和部分微妙论据在他近 400 页密集排版的书中进行了佐证。

　　两个新颖的论点分别引出了资本主义与社会主义两部分主要内容，没有什么比它们更具有刺激性了。它们可以激发读者关注纵横交错的论点与事实真相："资本主义可以继续存在下去吗？在我看来，不行。"（1942：105 页）"社会主义能很好地运行下去吗？毫无疑问，可以。"（1942：267 页）显而易见，这样的论点无论在哪都遇到了巨大的猜疑。熊彼特是公开的保守派自由主义经济学家，并匠心独运地将其现代经济学思想中心放在资本主义活力与企业家精神上。他是如何得出这样的结论的？有一些评论家认为，这正是最大的讽刺所在。关于这一点，我们绝对可以忽略不计。熊彼特非常喜欢并且善于使用反讽这一种修辞手段。然而，这样的论题和观点从一开始就贯穿熊彼特的著作。他的《税务国家的危机》（Die Krise des Steuerstaats，1918）中最后片段有很多类似表达，而其上下文中则断然没有丝毫反讽之意。

　　今天的读者不禁会想到另一个问题。上述两个论点直至 2011 年①都没有给人这样的印象：熊彼特似乎是一名成功的预言家。那么，到底**资本主**

---

　　①　此书完稿于 2011 年。译者注。

义在今天还有吸引力或者还有重大意义吗？针对所有的猜测，熊彼特给出了回答："在做社会经济预测的每次尝试中，关键不是为了概括得出结论而给出的**是**或**否**的回答，而是这些客观事实与论据本身。它们涵盖了所有科学性内容。剩下的其他并不是科学，而是预言。"

熊彼特希望自己被解读为分析家，而不是预言者——作为一名分析家，他展现了卓越的品质和谨慎的态度，这使得他的作品哪怕在今天，对所有真正对资本主义的未来感兴趣的人而言，亦可谓必读之书。事实上，严肃的分析者是将他与典型的未来学者，以及前沿学科研究者区分开的，同时也区别于马克思，因为他非常不愿意被看作历史决定论者——没有任何他所强调的论题内容被他视为历史的必然。对于这样的解释，他坚定地捍卫道："人们不应该认为宣布巨轮沉没的人是悲观论者。"听到这样的消息后，全体船员固然可以赶去抽水泵处，抢救尚可挽救之物；他们当然也可以稳坐甲板之上，畅饮最后一杯。

对资本主义命运的想象

然而，熊彼特对资本主义的历史角色与未来绝对进行了设想。作为一名资本主义活力的尖锐分析者，提出这一设想合乎情理，但它比之前在1940年的思想背景下明显触及社会敏感带的那两个醒目论点更为与众不同，也更为复杂。否则又该如何解释这本虽然对于有文化的门外汉而言很好读，但对于**所有**读者——如经济学专家一样的"外行"——绝对要求颇高的书所取得的成功呢？（作者在此处颇有讽刺意味——译者注）以下观点概括了他对资本主义未来的想象：

1. 不以此为出发点，即长期以来卓有成效的资本主义向**所有将来的时**

代展示了经济与社会的**自然制度**(正如老自由党人士坚信的)—— 或者如黑格尔的说法:资本主义是历史的终点。

2. 现代资本主义面临的问题与挑战,是资本主义自身活力的偶然结果。

3. 这些挑战在世界经济危机和世界战争过程中积聚成一股浪潮,令资本主义的重要精英们也束手无策。

4. 同时,现代资本主义在今天仍远远没有完成其历史使命。20 世纪 40年代,熊彼特说即将到来的资本主义扩张,会至少持续 50 到 60 年。他在1918 年认为,民营企业①(Privatunternehmung)的时代来了,而且会"竭尽全力":自由企业制度解决战后问题应该是最佳的。

5. 一个首要因素是集体领导、相对平均主义的经济制度("社会主义")是可能的,而且它在特定的前提下有特定的功能上的优越性。这些前提中最重要的是,资本主义"彻底完成了它的任务",也就是说,高效的资本主义机构体制得以全面贯彻,创新过程不再仅仅依靠个人的自发式英雄主义创造力,而是可以依赖专业人才制度化的合作。(大型科技康采恩企业里研究与开发部门是这个体制中的一个要素。)

6. 社会主义"在文化方面是未定的"。意思是,一种社会主义文明能或多或少地表现出迷人的风貌。(它可以是专制的或者民主的。它能够促进精英人群维护其文化资本,或者摧毁之,等等。)

7. 由此,社会主义者们笼统许诺的社会主义魅力,纯属异想天开。

以上所有内容在熊彼特的文章中都得以很好地论证。毫无疑问,其带来的最终结果是,他为**他所在的时代以及可预见的未来**选择的是明确支持资本主义的经济政策。他仍然向其成年后的众多社会主义朋友、学生和其他进步人士表明,他不只是略微懂得他们的观点,更确切地说,他甚至可以

---

① 亦可译为私营企业。译者注。

提出一个可以解析各种前提的理论框架,当他们的观点置入这些前提时,就会有对错、强弱之分了。

如果我们把熊彼特的命题与他的同胞路德维希·封·米塞斯(Ludwig von Mises)支持资本主义的观点相比较,就能看出他们的研究方向。有益于资本主义发展的必要政治斗争应该立足于这样的观点,即毫无争议地把它的**活跃生产力视为核心**,而不是基于站不住脚的论点,比如米塞斯提出的:资本主义之外的其他选择是彻底的混乱和人类文明的崩塌。米塞斯的教条主义认为国家做的每项工作,除了私人产权保护,都是踏入混沌的一步。对此,熊彼特并不赞成。本书第一部分提到的[在给戈特弗里德·哈贝勒尔(Gottfried Haberler)的一封信里],他已表现出十分反感富兰克林·罗斯福把他当作米塞斯的粉丝(Fans),这足以说明他的态度。

还有另一种观点:对资本主义的混乱视而不见,支持纯粹的资本主义。实际上,熊彼特的观点与这一看法相比,更具实用性。它不仅为我们今天理解"亚洲四小虎"①和中国的活力提供了更好的框架,而且有利于思考资本主义机构和监管政策的继续发展。因为正如熊彼特一直强调的,资本主义的组织形式、机构和结构不是静止的,比如今日这里相对应的公司机构或专利权应该是怎样的状态,并不能从财产神圣不可侵犯的哲学原则中得到答案。

最终,熊彼特对社会主义多多少少富有吸引力的变体所进行的探讨,比人们最初认为的更有意义。我们看到,它带领他彻底地考察经济、政治和民主的关系。

---

① 亚洲四小虎:印度尼西亚、马来西亚、菲律宾和泰国。译者注。

分析：资本主义的社会经济动力

抛开所有宏大的设想、挑衅性的观点和生动常用的论述，《**资本主义**》这本书首先是作为分析家熊彼特的著作，这一点却经常被忽视。正如他在序言里描述的那样，这本书是他近 40 年的思索后呈现的思想总成。正因为这一点，它并不合适作为一个政治宣言，也不适用于保守派自由党人以及社会主义者。可以肯定的是，熊彼特写这本书，是用来反驳他所察觉到的对资本主义日益高涨的抵触情绪。在他看来这很值得怀疑，并令人遗憾。尽管如此，他饶有兴致地忙于抨击资产阶级（épater le bourgeois），以此来揭露进步人士的错误。左派人士的老一套、启蒙教育的浮夸投射、自由派的理想模式，另外还有主要在保守派中流传的童话也被他毫无保留地批评得体无完肤。

尽管热衷于思辨，但是这本书绝不是不加区分地全方位回击，作者也没有捉弄不同派别的代表人物的意思。更准确地说，《资本主义》从创造性批评的意义上看，它是**非正统的**，它的批评在很多方面有意以已存在者为基础，又同时给它们植入新的视角。

从本质上来看，熊彼特不啻勾勒了一个资本主义社会经济发展动力理论。它的物质基础与精神基础是什么？它的推动力是什么？它的思维逻辑、它的合法性是什么？它带来了哪些结构，哪些组织形式以及哪些行为方式？还有，它的目标和终点是什么？熊彼特给出的重要回答我们已经了解，特别是在他的《经济发展理论》（*Theorie der wirtschaftlichen Entwicklung*）中。同时，他进一步发展了他的创新过程理论、创造性毁灭理论与企业家理论：资本主义的经济进步使创新越来越成为一种常态（或者称为"老一套"，正如熊彼特充满挑衅的夸张说法），它摒弃了企业家理论里强调的英雄式人物。换言之，内部经常进行创新的企业，会学会与创新现象打交道。它起步于创新活动遇到的阻碍较少时，随后向制度化发展，使得专业参与者合作中的创新过程框架条件得以优化。作为创新的关键一环，富有创新精神和充满活力的企业人物，恰好在经济发展扩张的资本主义中**相对**失去了重要性，这是支持那知名观点①的经济学论据之一。

　　同时，他的视角也触及了经济成就带来的对非经济领域的反作用，诸如对政治、社会、文化、法制、社会心理和精神生活方面。他大致提出以下问题：在一个越来越多的领域，以至于婚姻和家庭都被置入成本—利益—核算（Kosten-Nutzen-kalküle）考量的社会中，家庭结构将会如何发展？为何资本主义的经济成就促使知识分子转为资本主义的批评者？资本主义活力对政治制度产生了哪些影响，以及现代民主如何运作？对于这所有问题的回答大多带来一个结论——资本主义制度的侵蚀潜力变得显而易见。尤其他也研究现代资本主义的经济成就对资本主义市场的两个基石，即私有制与契约自由产生怎样的影响，"如此一来，资本主义进程使所有名义上是财产机构和自由合同法的机构退居幕后，特别是曾经真正体现'私营'的经济活动。……资本主义的进程，通过纯粹的大宗股票代替旧式工厂的院墙与机器的方式，将人们的产权观念从生活中剥离"（1943：230 页）。

　　因为《资本主义》这本书全面又深刻，它经常理所当然地被人们置入马克思主义思维视角。熊彼特也想与马克思一样，建立相似规模的资本主义发展理论——结果当然是另外一回事。这本书**彻底反驳了马克思支持资本主义的灭亡理由**——资本主义既不会折于"利润率下降的趋势"，也不会亡于其他**经济上的"矛盾"**，还特别指出，它也不会因为物资饱和社会中"投资

---

① 此处指熊彼特的"创新经济理论"。译者注。

机会的减少"进而走向垂死挣扎期。熊彼特乐此不疲地强调这一观点,主要是针对凯恩斯而言。虽然这样的饱和基本上可以想象,但哪怕以今天的视角来看也是远在视线之外,所以并不是饱和带来的向静态经济方式的过渡迫使资本主义走向终结。对于战后时代,熊彼特其实预言了一个长期不断提高劳动生产率的资本主义膨胀期——也是正确的。此外,他提出诸如增加妇女就业率等因素同样意味着资本主义市场体系的扩张。

资产阶级的马克思: 资本主义的矛盾品质

"如果用逻辑来推论资本主义发展和它的终结,那么,所有与之相关的这些原因不仅凯恩斯错了——马克思也一样错了"。熊彼特坚信,把马克思简化等同于他持有的资本主义没落的这一错误观点,是一个大错。因为,"没有一个严肃的论据在任何时候支持任何一种'主义'。有人说,马克思……是从保守意义上理解的,这只能说明马克思能够被人们认真对待"(1942:101 页)。

显然,熊彼特是十分认真地对待马克思的。《资本主义》的第一部分全部献给了"马克思学说"。马克思,预言家;马克思,社会学家;马克思,国民经济学家;马克思,老师。四个章节以此命名。这些章节之前的序言以一段值得纪念的段落开篇:"大部分理智与想象的创造在一定期限后就永远消失,这期限可以短如饭后的一个小时,或长如一个时代。然而有一些并不会消失,它们会隐匿,但它们不会作为文化遗产的隐藏元素重返,而是以它们本身的面貌……这样的创造我们可称之为伟大。"

在熊彼特看来,能归属于此列的是那些来自特里尔的哲学博士以及在大不列颠博物馆里独立研习政治经济学的自修者。因为,熊彼特让我们知道,他们可能在很多细节处,甚至是在一些基本内容中有错误——即使是马克思这样"伟大的思想大厦"里,照样包含着错误。这个定义会让我们怀疑《经济发展理论》作者的伟大之处吗?关于这一点,马克思的强大竞争对手、来自英国剑桥的凯恩斯勋爵又是怎样认为的呢? 20 世纪 30 年代,他的一举成名令马克思为难,不管怎么说:读者在哪都能读到马克思——这不只是因为这本书的开篇是对马克思详尽的批评性欣赏。在这一部分我们读到了关于马克思的句子,这些句子概括了一些马克思自己的,偶尔有些隐晦的社会经济动力通用科学纲要:"……经济过程的理论想法……正如它的发展,是在自身力量作用下,在历史性时刻,在那些从自身出发到达下一个特定状态生成的每一个瞬间。……他是首位顶尖的经济学家,看清并系统研究经济理论如何向历史分析转变,以及历史陈述如何向**历史推理**(*histoire raisonnée*)演变。"(1942:78—79 页)

熊彼特毫无保留地表达了对马克思把**现代经济**(*moderne Wirtschaft*)理论性地总结为**动态的历史过程**(*dynamischer gesichtlicher Prozess*),以及发现**经济周期**(*Konjunkturzyklus*)现象这些成就的钦佩。"某些被确诊的马克思的瑕疵与过失对此毫无妨碍,不管多么严重。他理论的缺陷在于,与历史学相比,没有成功并系统地纳入社会学和统计学内容",他在引用段落的下文里亦有所说明。"其他的不足之处更为严重:因为受制于他自己的思想体系盲区,马克思卓越的思想组合遭受严重曲解。这导致马克思主义者显而易见的错误结论,类似贫困化理论(Verelendungstheorie)。"

熊彼特不愿步入上述误区。实际上,他取得的所有综合成果都是运用不同层次的思想进行巧妙地处理。《资本主义》与其他类似的全面的作品在两个原则上有所区别,它们被作者惊人地一以贯之——批评性反思与分析的透明度。一个具体的观点是源自哪个理论框架?哪些预测和前提条件不可或缺？也就是说，熊彼特解释了一个以经济社会科学为基础的公共话语在针对一般性问题时，应该如何展开。它本就不该只囿于批评相互之间的看法与假设。因此，《资本主义》也是教授人们参与适用并有益于民主的高雅讨论文化的教程。

它也使得我们对有关熊彼特想要传达什么信息的猜测具有了相对性——他真的认为，资本主义会走向灭亡吗？他真的相信社会主义功能的优越性吗？有多少与此相关的段落应该被理解为带有讽刺意味的夸大其词？而它们正是想让左倾读者明白，这些观点是多么难以置信。

熊彼特引导我们关注他提出的多层次论据，而不是专注于获得可以让我们坚守的答案，诸如信条或者其他振奋人心的座右铭。他不提供这些内容，这使他多少被人诟病，尤其是被保守派自由主义的道德学家质疑。他是一位从相对主义（Relativismus）和实证主义（Positivismus）的结合最终走向犬儒主义（Zynismus）和颓废（Dekadenz）的典型代表人物。

摇摆于颓废之间：正如熊彼特在他的某些知名的章节中反复强调的那样——最根本的是论据和事实。同时，至少三个基本观点——主要是纯粹的经济学分析的另一面——熊彼特与马克思明显不同。首先，他不认为现代社会的发展过程**总的来说得有一个目标或终点**，甚至于也全然不是一个（目标和终点），这样一个目标与终点和马克思那热情洋溢的解放是相吻合的，他看到那个（目标①）在必然王国之后随之出现的自由。第二个区别涉及资本主义发展过程中合理与不合理的综合基础。和马克斯·韦伯和卡尔·马克思一样，熊彼特认为资本主义文明进程了不起，并且是不断发展的合理化进程（Rationalisierungsprozess）。不仅现代会计制度和现代科学，而且**医院、社会福利政策或女权主义**等各种现象，都被他看作是这个全面合理

---

① 译者补充。

化过程的一部分。但是,与马克斯·韦伯和卡尔·马克思相比,熊彼特更加强调非理性因素对资本主义活力在其历史进程中所发挥的重要作用。首先,当然要提及企业家的英雄形象。他们的行动正好处于功利主义者理性的成本—效益—核算的对立面。此外还有两个其他因素。一是资产阶级的家庭文化以及与此相关的资本主义的不均衡。一旦家庭动机从个体的效益核算中作为根本动力被剥离,"仅存的富有浪漫主义和英雄主义独特个性的商人,就会在这个不浪漫的文明中消失……它再三叮嘱为了将来而工作,不管人们是不是自己带来收获"(1942:259 页)。如果经济精英们的未来英雄主义导向观念被短视的利益最大化的享乐主义取代,那就令人担忧了。二是历史上资历更老的、资产阶级产生以前的前期资产阶级分子们在巩固资本主义秩序时发挥的作用。这包含了作为"保护阶层"的贵族统治体制,因为总体而言,资产阶级在政治上比较无能。高级资本主义的文化是一个有时以不合理成分为基础,具有社会差异的文化,它保障社会精英阶层的特权——安逸,之所以被熊彼特珍视,因为他偏好高雅的生活方式。然而,伴随着资本主义自身特有的合理化趋势(Rationalisierungstendenz)影响范围的不断扩大及其对不合理成分的化解,所有这些都会在某种程度上走向消失。

由此,我们来看看熊彼特与马克思的第三个根本区别:熊彼特甚至比亚当·斯密更坚决地认为,非计划的那种**差异文化**(*Kultur der Differenz*)效应或许最终会使大众特别受益。他不仅这样认为,而且也有支持这一观点的极好论据,因为精英们总是生活优渥,那么全民的富裕生活就是资本主义的成就。作为经济学家的熊彼特认为,马克思学说中关于工人阶级与企业家之间的根本利益冲突观点是不合适的。对他而言(对马克思也是),作为社会学家,为了理解社会进程,阶级非常重要。但是,马克思的阶级社会学理论并不正确，因为它假定的是均匀化工人阶级，这在现实中几乎是不存在的。

阶级之间长期的利益趋同，对彻底的机构集权的反感和对多中心执政（Governance）的偏爱，使熊彼特对这样一种学说抱有好感，它非常批判放任自由的资本主义（Laissez-faire-kapztalismus），同时与马克思主义不同，它否定阶级斗争的观念，即带有社团机构理念的天主教社会学说（Soziallehre），在一些欧洲大陆国家它也被称作社会伙伴关系（Sozialpartnerschaft）。

另外还有一点，虽然不直接与马克思的思想针锋相对，但对此马克思却鲜有探讨，即熊彼特详细研究了社会主义的运行条件。而且他没有以那种被马克思否定的"空想社会主义者们"采用的方式进行研究，这些人备好了"未来食堂的菜谱"。这样的行为，像熊彼特所知——考虑到我们也是其一部分的动态进程的错综复杂——如同自诩为预言家的行为一样，几乎是不科学的和幼稚的。然而，熊彼特以一种毫不夸大的方式探讨了社会主义在文化、社会、政治、精神以及经济方面的前提条件。当然，资本主义不可避免地会被用作衡量标准。在这里，他指出了人们在进行系统比较时，一个基础的，但也经常被忽视的前提条件：把理想模型用作真实模型的测量标杆，大多不可靠。所以关于社会主义，它的根本问题在于，怎样实现一个符合实际的社会主义？由此，带出一系列特定问题——社会主义如何解决经济上的协调问题？考虑到事实情况，物质刺激到目前为止总是建立在"社会差异"的基础上，而它与社会主义主张平等的分配理念是矛盾的，那么社会主义如何解决物质刺激问题？一个事实是，民主与现代国家作为资本主义的"兄弟姐妹"得到了发展，社会主义如何解决政治秩序问题？现在所有这些问题，哪怕更多的，都可以解决，甚至以这样的方式，即许可运行一定程度上富有魅力的社会主义的变体。协调问题在预先确定好规则体系的市场化运作机制的帮助下,可以得到解决,保证了企业有实质性的决策空间[正如奥斯卡·兰格(Oskar Lange)构想的那样]。所有经济方面的规划都可以使用这一规则体系,同时从初始意义上讲,都不是命令经济(Kommandowirtschaft),奖励刺激的问题可以通过善意的荣誉仪式解决。同样,社会主义与民主政治的结合是可以想象的。

然而,每一种这样的结构选择都取决于特定的条件,所以不能不加限定地假定社会主义会从相对有吸引力的变体中产生。也许今天,它会作为法西斯社会主义出现。如果社会主义不在资本主义的成熟阶段,而是过早地被迫到来(比如布尔什维主义),那么它将不可避免。但是相对有吸引力的变体也早就不履行那些大多被社会主义者用来宣传他们理想的、关于拯救与解放的誓言。

对于这方面的思考,马克思几乎没有树立榜样,除了关于资本主义成熟期的关键作用,这被他看作是实现社会主义改造的基本条件。此外,熊彼特追随了多条并且十分重要的马克思主义领域的分析道路,他向作为意识形态批评家的马克思学习;他向作为经济活力理论家与创造性毁灭理论家的马克思学习;同时,他向一体化社会经济学进程的理论先行者马克思学习。当然,他的学习过程不等同于苏联的党内马克思主义者一样照搬公式,他走出了新的组合与转向道路,因为资本主义的发展过程并非静止不动的。他也偶尔从马克思的错误中获取经验。

那么,所有这些说明了什么?从亚当·斯密到马克斯·韦伯,从卡尔·马克思到威廉·洛卜克,很多作者都描述了资本主义特有的某种对立关系。但是,几乎找不到第二本能以相似的坚持不懈把这种对立关系与运作机制联系起来,并整合了经济学与社会学的著作。这一系列运行体制

(Mechanismus)的发展是作为资本主义活力的结果,它受制于**合理化的自身矛盾**。因为这种运行体制的成功,总是以某种资本主义合理化因素与旧式的"不合理化"(浪漫的、贵族的、基因编码的)成分的混合体为基础。这种混合体受到不断扩大的合理化进程的影响,反而会使那样的运行机制日益失效。于是,取而代之,产生新的运行机制、机构和组织形式。由此,另一种作为具有可行性的、基于适合解决问题的机构与组织形式诞生:诸如现代大型集团公司(康采恩)、创新过程的制度化。社会主义在最好的情况下,被理解为是所有这些可供选择的解决方案的系统化的综合,事实上,不仅是反对资本主义的鼓动者,就连卡内基与洛克菲勒家族也支持社会主义。然而,社会主义**哪怕在最好的情况下**,也决不可能走向社会主义者所期盼的光明未来,更确切地说,社会主义不管怎样自身就有很大的问题。结果便是,我们应该尽量选择充分发展资本主义,哪怕在万不得已时是作为"罪恶的资本主义"。

当熊彼特在他的晚期著作中讨论长远的未来前景时,抛出了一种**文化悲观主义**色彩的巨大怪论:很多证据表明,当今的资本主义通过新的运行机制,"成功地"代替或补充了高级资本主义的运行机制。我们已经讨论过创新机制这一最好的范例。企业家精英在发达的资本主义社会中或者在大型集团公司(康采恩)与研究实验室的内部机构中找到他们的生境①(Biotop)。创新活动在创新体制中进行,基础研究、应用研究和发展系统地统一起来,并且通过**经营策略**锁定市场成果。目前为止,一切安好。但是,政治机制的状况如何? 虽然在这里,合理化对旧秩序也有侵蚀作用。但是,难道没有证据表明,与以往相比,当今政治在更加错综复杂的组合任务中更不理性吗?

---

① 生境(Biotope 希腊语,bios ＝ 生命,topos ＝ 地点)指生物的个体、种群或群落生活地域的环境,包括必需的生存条件和其他对生物起作用的生态因素。译者注。

那些有能力并且廉正的政治家阶层在哪里？民主所需的合理官僚制度在哪？另外，今天还有谁在聆听科学的清醒呼声？由此，我们需要担心的，是毫无经验并且不合时宜地向社会主义进军，或者是一种不能使经济复活而是对其进行扼杀的供氧补给式半吊子组织。

6. 政治、社会、科学

展望

接下来我们将概述《资本主义》中的其他一些观点和探讨。相应的，我们会系统考虑到相关的评论文章与论文，尤其是熊彼特在格拉茨以及在他创作后期完成的那些。他的《税收国家的危机》(1918)，即他的金融社会学，和一些于 20 世纪 40 年代后半叶撰写的关于资本主义未来、关于意识形态以及知识社会学的评论文章，都有特别的意义。这里概述探讨的每一个观点，都有可能成为一个全新的理论方向的起点，很多已经变为现实。

民主的逻辑

马克思尚未研究群众民主的逻辑和其政党的逻辑，因为在他的时代，政党有另外的特征，而且群众逻辑学也还没有形成。但是基本上，熊彼特的政治分析明显承袭了马克思的思想。与大多数新古典主义作家不同，社会阶级这一概念在他的分析中起了十分重要的作用，此外，在对民主进行分析时也同样如此。

现代社会由代表不同利益的阶级与持不同意见的主体构成,在这种局限性的前提下,民主就不可能了解"人民群众"的意愿并贯彻下去,因为这个意愿本来就不存在。同时,最好的民主状况是在特定的条件下,以可以被人们接受的妥协方案来找寻解决方法,如果涉及的是大额开支,比如政府的各项支出,这就关系到钱花在了哪里? 花费了多少? 什么是真正的民主? 在现代国家(不同于希腊城邦或者小面积的瑞士州邦)的前提下,**民主只是政治竞赛中政治领袖们的淘汰程序**。同时,在政党机构的圈子里他们最重要的事情就是如何使自己的那些**选民投票最大化**(*Wählerstimmenmaximierung*)。政治型企业家着眼于选票市场,其他企业家则着眼于产品市场。要考虑到较为长期有效的好结果,那么这个整体运行的好坏就依赖于一系列条件。对这其中的五个条件,熊彼特进行了更为详细的分析:

1. 拥有足够水准的政党阶层。

2. 政治化有限的影响范围(存在去政治化领域)。

3. 存在有作为的官僚机制。

4. 自我克制政治竞争中的行为。

5. 社会拥有相对较高的容忍度。

熊彼特指出了针对这些条件的更准确的一个观点,与其说它们是在民主的社会主义中,还不如说是在(哪怕并不总是这样)民主的资本主义中实现的。虽然前者并不是不可能的,但一定是艰难的。然而,一个在某个时刻向社会主义制度过渡的社会,它的社会主义制度的民主化变体是不可能实现的,因为资本主义还没有获得完全发展。熊彼特的学生阿图尔·史密斯(Arthur Smithies)的宣扬使人们注意到,熊彼特民主理论的应用更加广泛。这一理论在政策上实施凯恩斯反周期策略的时候,牵涉到不均衡,即"加速"是受欢迎的,"刹车"却不受欢迎。对这个理论的深度挖掘,以三十年后的诺贝尔奖获得者詹姆斯·布坎南（James Buchanan）[与理查德·瓦格纳（Richard Wagner）一起获奖]最为著名。

《金融社会学》和国家的角色

熊彼特利用了不同层面的多样结合，这在他的《金融社会学》中尤其如此。他书中丰富的论点，从历史、政治哲学，到经济学，以及关于当天的情况皆有涉及。与金融学的典型著作相比，他用这种方式保持完全属于自己的风格，这一方面他可以与金融社会学的另一位创始人鲁道夫·葛德雪（Rudolf Goldscheid）相提并论。透过主题可想而知，作为经济学家的熊彼特，他的计划里来回重复的主要议题是，通过税收引起走样的刺激，这令人窒息并带来危害。当然，我们在这篇文章中也会接触到熊彼特的斯威夫特税收理论（Swiftsche Steuer-Einmal-Eins）①：上涨的税率，只有达到一定高度才会带来税收收入的上涨。如果税率继续上升，税收则会下降，因为税收的绞杀效应（Erdrosselungseffekte）会开始占主导地位。熊彼特把这一著名的经济学论点[名为**拉弗曲线**（*Laffer-Kurve*），作为里根**供给面经济学**（*Supplyside-Economics*）的支柱，有点使用过度]与一个抵抗税收的复杂理论联系起来，对这一理论而言，心理学和社会学的观点都起着作用，而且这些观点一直延伸到政治哲学：如现代国家一样，现代税务因此是**必然的伴随现象**，也是个人主义资本主义经济方式必要的方面。在这篇文章中，税务通过推动商业的计算能力（Rechenhaftigkeit）在那些它还没有推广或者没那么

①　也有写法为"Swiftschen Steuereinmaleins"，一种国有财产的特性，它通过一个简单的公式表明，税收事务中二加二不一定得四，而是有可能得一，或者更少，即如果国家大力增加税收和关税，带来的结果可能是，义务人合法或不合法地规避这些要求，比如拒绝消费或者走私。该理论发起者是乔纳森·斯威夫特（Jonathan Swift，1667—1745），故得此名。译者注。

快扩展的领域内向前发展,从而带来了进一步的合理化。同时,调控却总是被个体经济看作是陌生物,因此会引起供求失调与摩擦耗损。如果公共财政致力于打造长期可靠的基础,就必须考虑到这种矛盾的基本特点。

熊彼特对公共财政管理的存在基础,即国家以及它的任务进行思考时,更多的是从社会学角度出发。针对一个确保国家行为所追求的目标而提出通行的经济理论观的想法,熊彼特则持怀疑态度,其中一个原因是,他意识到阶级与价值观差异的影响,并不能笼统地定义哪些国家行为代表了"公众的利益"。同时他认为,这与主体因素和时代局限的事实要素有关。与维尔弗雷多·帕累托(Vilfredo Pareto)的想法极为相似:为了解释国家行为,提出权力关系与裙带关系的相近金融社会学思考也不无道理。一个现实的理论不能忽视这一点。然而,熊彼特在这里有所夸大,而且没能一以贯之。他多次提出经济上的效益论点,它们有的支持特定角色参与公共部门的任务组合,有的反对。但是,他并不准备把公共商品理论意义上的那些论点加以系统化,而奥地利学派在很大程度上发扬光大了这一理论,并由他的学生理查德·慕斯格拉夫(Richard Musgrave)和保罗·萨缪尔森(Paul Samuelson)与经济学进行了整合。除此之外,在凯恩斯的文本中显而易见的观点,即收入方面、支出方面以及事业机构,在向下和向上的超额发展中会发挥**稳定功能**的作用,熊彼特几乎没有提及。

因为缺少一个有关国家任务与财政支出的系统经济学理论(取而代之的,是一类有关财政支出的社会经济学),熊彼特从来没有真正成为混合经济的理论家。虽然,某些章节看起来也有部分内容是对这方面的思考,也有通过比喻作出的强调,例如**两栖的资本主义、供氧式资本主义、罪恶的资本主义、移动的小客栈、实验室化**。诚然,像有些秩序自由主义者(Ordoliberale)对**社会主义市场经济**做的那样,或者如他的学生保罗·萨缪尔森与慕斯格拉夫对**混合经济**所做出的努力,想把熊彼特的那些形式组合夸赞为指向未来的体制,他还有很长远的路要走。无论如何,他不信任这种混合模式,他强调的是摩擦损耗与稳定性风险。他的思维终究被马克思提出的资本主义、社会主义的两极对立理论局限了。

经济社会学

熊彼特经常关注那些按当今的学科划分更能引起社会学家而不是经济学家兴趣的观点。由此,他在**社会经济学**(Economic Sociology)领域得以发展。这个方向的主要代表人物之一是理查德·斯威德伯格(Richard Swedberg),著名的熊彼特传记作者。当斯威德伯格进行社会学研究时,作为经济学家的熊彼特总会参与。若将此视为方法与理论的多元化或者是跨学科,都不全面。一般而言,被归类为社会学家的熊彼特的那些著作,根据问题与对象领域不同,都显示了极深的造诣。人们把它称作经济社会学,是从两个方向来理解的。根据存在的问题,使用社会学的研究方法解释经济学现象或用典型的经济学概念解释非经济学的现象。最终结果是一个包含经济学内容、全面的集成式社会理论。这是一位思想家未说出口的宏大愿景,他认识到并且强调,专业分工和方法导向是现代经济不可逆转的趋势,他同时也认识到新组合的生产力、跳出日益变窄的专业分工以及进行综合的必要性。

科学社会学与意识形态的角色

意识形态是科学进步的阻碍,但它也是理论发展的发动机。在意识形态设想影响之下,科学家们会得出错误结论,并做出错误推断。马克思作为意识形态批判者,很好地说明了这一点。如果我们用意识形态批评的眼光去看待马克思自己的著作,也能证明这一点。

尽管如此,意识形态并不单单只是将利益与世界观合法化的谎言。作为"预分析的设想"(prä-analytische Visionen),它们也经常是科学进步的催化剂。它们激发人们提出有待解答的问题和能被辩护或驳回的论点。最好的情况是,它们促进新型工具与组合的发展,使两者能够发挥作用。意识形态批评有趣并且重要,但仅仅只有意识形态批评是无益的冒险,更重要的是,利用有生产潜力的"预分析的设想",促进**猜测与反驳**(*conjectures and refutations*)的科学进程不断发展。如果这一进程良好开展,那么意识形态的扭曲会趋向于彻底消除。

这一进程应该保持什么状况,并没有人能给出答案。熊彼特绝不可能只把希望寄托在数学与计量经济学工具的物化潜力上。无疑,不少人对这些工具的谨慎应用,是为了揭露意识形态的错误是"计算错误"或是前后矛盾。然而,如托马斯·麦克劳(Thomas McCraw)指出的,熊彼特尤其强调经济史的意义,它是对立场原因导致的认知扭曲的修正。同时,熊彼特认为对**经济分析史**的研究,是修正时代局限狭隘的头等资源。不仅他的同名不朽之作令人印象深刻地表明了这一点,他的其他作品集也是一样。

7. 《经济分析史》①

除了对经济理论、经济史和统计学感兴趣,熊彼特也着迷于经济思想和

---

① 作者下文多简称《分析史》。译者注。

经济理论的历史。正如学者们认为的那样,谁要把起初的渴求注入学科之中,他就会去详细了解这门学科的历史。在这方面,熊彼特追随了他老师的脚步,其中最主要的是封·庞巴维克,他 1884 年通过发表《资本利息理论的历史和批判》(Geschichte und Kritik der Kapitalyinstheorie)确立了标准。熊彼特将他的兴趣转授给他的学生,其中包括保罗·萨缪尔森。经济理论的历史深刻证明了威廉·福克纳(William Fauklner)的话:"过去的历史从未消亡,它不会逝去。"

为何人们会研究早已衰落的经济学家的思想学说? 对此,动机丰富多样。有观点认为,市场对经济理论而言是完美运行的一种选择机制,它可以优胜劣汰,保护所有优良、有用的部分,同时迅速可靠地剔除糟粕与使人误解的部分。然而如果有人对这一观点表示坚信的话,他就会对过去产生如收藏古董般的兴趣:有人研究旧物,从它的错误中感受快乐,并沉醉于现代知识的高超。熊彼特绝不这样认为。他写道,研究经济理论史的人,会直面"新思想"与"有关人类思想道路的认知"(1954a:4 页)。一种思想对于一定的人群总是崭新的。很久以前表达的观点,有可能让今天的观察者同样为之吃惊与着迷。现代人是否比早先了解得更多,这是存疑的。可以肯定的是,他们主要是知道别的东西。熊彼特认为,正如已经看到的,不可忽视的是经济学中的思想性时刻。思想体系说明了人们相信看到的是什么,或想要看到什么。意识形态需要经过很长一段时间才能够掌握整个学科,或者同一学科的主要内容。

熊彼特认为,为了在对抗意识形态时尽可能好地将自己武装起来,最为重要的是要掌握经济史以及理论史。经济史提供实证的经验材料,它们或者驳斥某些想法,或者将其相对化;理论史介绍的是对意识形态以及它的哲学基础进行批评性研究的各种思想。这里可以借鉴熊彼特的观点,直面经济史以及对它的不同释义,会增强抗击知识狂妄姿态的免疫力,减少"感染的风险",并抑制"抱团"情况的出现。熊彼特进而持一种异端观点:总的来说,进修经济理论时,如果不同时学习经济史与理论史,比没有理论更糟糕。

熊彼特总结了经济学方法论和分析史的两种整体概述:一种是 100 多页的论文《经济学说与方法论的历史时期》(Epochen der Dogmen- und Methodengeschichte)(熊彼特,1914a),另一种是他去世后发表的《经济分析史》(*History of Economic Analysis*)(熊彼特,1954a)。除此之外,他出版了众多针对这一主题的文章(熊彼特,1954a)。下文中,我们会概括《经济学说与方法论的历史时期》一文的内容,并介绍《经济分析史》一书。

《经济学说与方法论的历史时期》 ①

一位三十多岁的人,如何能够掌握浩瀚的历史材料的内涵呢? 当然,他确实不能真正做到,但是在熊彼特这一年龄段的人中,大概没有人能比他做得更好,而在比他年长的人中,也只有很少的人能与他相提并论。熊彼特出版的作品是与众不同的,尽管它的内容主要来源于两本书——封·庞巴维克的《资本利息理论的历史与批评》(*Geschichte und Kritik der Kapitalzinstheorien*)(1884)与卡尔·考茨基(Karl Kautsky)在 1905—1910 年间出版的马克思主义的《剩余价值理论》(*Theorien über den Mehrwert*)。熊彼特开始对"社会经济的科学发展"(Entwicklung der Sozialökonomik zur Wissenschaft)进行探讨。文章内容涉及经院哲学的古代文化以及重商主义的文献。之后,他专心致志于"发现经济周期"。在这里,熊彼特深受马克思的影响。比如关于威廉·培第(William Petty),他这样写道,他"尝试过(以

---

① 作者在下文中简称《时期》。译者注。

某一种方式)理论性地深入研究和材料分析……像他这样目标坚定的几乎不可能再次发生"(1914a:32 及下页)。对于马克思而言,培第是众所周知的政治经济学这一新科学的真正创始人。他用马克思的表达方式将有些商人作家的文章称为"庸俗经济学"(Vulgarökonomie)(1914a:35 页)。正如马克思一样,他把弗朗索瓦·魁奈(Francois Quesnay)看作是"我们领域中最伟大、最独特的思想家"(1914a:40 页),并给出了理由,而他的用词选择会让人想到马克思。

颇为意外的是,熊彼特在相关章节中除了杜尔哥(Turgot)①,也深入探讨了亚当·斯密。关于他,熊彼特这样写道:"他是一位擅长总结文献和陈述中庸的人,不是伟大的新思想人物……在已开拓的道路上,这位耀眼的天才,借助现成的材料创造了卓越的毕生巨著。"(1914a:51 页)间隔几行之后又写道,"今天我们不能对斯密的思想维度抱有幻想,我们把底座与外形区分得太清楚"(1914a:52 页)。熊彼特评论亚当·斯密缺少原创性,这是站不住脚的,虽然亚当·斯密也如熊彼特一样,是非同寻常的猎人和收藏家,不知疲倦地寻找有价值的内容,但同时,他也是重要的综合家与体系建构者,在众多领域表达了新的思想与见解。令人惊讶的是,熊彼特在提及亚当·斯密时,没有使用斯密的"新组合"概念,而在大部分已为众人所知的思想中,这个"新组合"概念是亚当·斯密作品的标志,并突出了他的原创性——在这点上又一次与熊彼特大同小异。

这之后,熊彼特忙于研究"古典体系与其支脉"。按照在英国常见面的艾尔佛雷德·马歇尔(Alfred Marshall)的解释,古典作家们或多或少是供应与需求(边缘化的)理论的原始先驱。熊彼特反驳道:经典的萌芽是独立

---

① 安·罗伯特·雅克·杜尔哥(Anne Robert Jacques Turgot,1727—1781)法国经济学家,18 世纪后半叶法国资产阶级古典经济学家,重农学派最重要的代表人物之一。出生于巴黎。译者注。

的,而且与边缘化的那些有本质的区别。他准确地写道:古典理论与艾尔韦雷德·马歇尔所连接的"不再是一条松散的带子"(1914a:55 页)。古典之作的"集大成者"是大卫·李嘉图的《政治经济学赋税原理》(*Principles of Political Economy and Taxation*)——作为斯密"最著名接班人"的李嘉图(1914a:53 及下页),相比而言因为前者的"相对浅薄"(1914a:58 页)反而是更著名的经济学家。

然而,他指责李嘉图分析上的狭窄,反之称赞马克思,"他想要总体上理解社会实体的生活与成长"并致力于发展"社会的普遍科学"(1914a:60 页)。在他看来,马克思的著作是"独一无二的"。这种论战形式下,安放的是"缜密的科学性工作"(1914a:81 页)。马克思"不仅拥有原创性,而且有最顶级的科学天赋……在他的第一卷(这里指的是《资本论》,1863)出版之时,没有能与他相提并论的人,这不仅在力度上,而且也在理论性知识方面"。所以马克思"也成了众多非社会主义者的老师",包括熊彼特在内。

最后,熊彼特研究了历史学派与边际效应理论。正如在《本质》①与《理论》②中一样,熊彼特对历史主义的评论是贴切的。当他看到在事实材料中,**勉强地**把进化论引入经济学,还关注了经营的动态因素,熊彼特对历史主义表示了体谅。令人吃惊的是,对于曾经备受好评的"数量经济学"(边缘特色)他却很少关注。在《本质》一书中熊彼特还大加赞扬,现在却表现出明显的克制态度,他认为,它们的应用领域是"有限的,另外,它们的成就只是在个别地方,陈述得更正确和更深刻,使得人们能够探讨实用性问题……目前对致力于获悉理论结论的国民经济学家,去学习一本特别的书是否值得"

---

① 指《金钱的本质》(Das Wesen des Geldes,1970)。译者注。
② 指《经济发展理论》(Theorie der wirtschaftlichen Entwicklung,1912)。译者注。

(1914a:110 页)。读者瞪大了眼睛，"大宪章"(Magna Carta)中什么内容保留了下来？

《经济分析史》

《经济分析史》(1954)是一本约 1300 页的著作。由弗里茨·卡尔·曼(Fritz Karl Mann)整理的德语版本于 1965 年问世，书名为《经济分析史》(Geschichte der öknonomischen Analyse)，有 1500 多页（熊彼特 1965；后文的引用内容来自这一版本）。熊彼特自从《时代》(Epochen)出版后，就一直潜心于《经济分析史》的研究。起初他只是想更新他的论文，但私下里，他把这项工作扩展为研究自从有文字记载以来的经济学的思想史——一项真正艰巨的任务，除了熊彼特之外可能没有人能够完成。《经济分析史》的一个特点是，它在尝试说清真实的历史背景。经济分析的发展以此为背景，而且如果没有对它的介绍，分析的内容将很难被理解。出于显而易见的原因，想要更进一步研究这部内容丰富的作品和它的多个层面并不现实。我们对熊彼特观点作简要勾勒，这有利于分析经济的理论史，此外，也是为了便于指出《经济分析史》有别于早前文章的两处重要改动。

为什么需要研究理论史？ 为了回答这一问题，熊彼特给出了最主要的四个理由。首先，现代理论表达的内容经常因为其机械的表达而导致不必要的复杂。基本思想本可以很浅显易懂，只要现代的文章"至少能给出些许历史性的视角，那么思想脉络最高程度的精确性、原创性、严谨或优美也不会使学生，至少他们中的大部分人，感觉到**迷失与空洞**"（1965:32 及下页）。那么，它是在哪种历史背景下产生的哪种思想的理解的延续与变迁？有哪些可以讲授？其次，一门学科的历史研究，使学生"拓展自己的视野"，令他

们直面新思想,并向他们指出**"什么取得了成功,如何取得成功以及为什么
会取得成功"**(1965:33 及下页)。第三,也许是最重要的一个理由:一门学
科的历史教会一个人"人类思想之路"(1965:34 页),它向一个人展示了"物
的逻辑、工作的逻辑、愿景与目标匹配的逻辑"(1965:34 页),并揭示了心理
过程。第四,经济理论终究与不同的历史境况相关。经济学领域知识的生
成与破坏过程,与其他知识领域相比没有很大差别。诚然,人们在经济学中
提到确定无疑的知识时,比如与物理或者数学相比,会少一点坚信,因为人
们在经济学中处理问题的典型之处在于,分析的方法根据其探讨内容而进
行变化,而这对认识对象和认知方法变迁的了解大有用处。

熊彼特认为,随着时间的推移,在特定的经济学领域中凝练的概念和理
论一直不断地发展,由此,在相关领域可以说成是"进步"。但是他不认为经
济学是一个运行完美、能可靠地保留所有正确与真实、剔除所有错误与不真
实内容的选择机制。《经济分析史》这本书包含大量实例,里面介绍到,正确
的思想先被否定,而错误的思想很长一段时间内(在一定的情况下直至现
代)被保存下来,有一部分错误的内容现在还一直占据主导,而正确的却总
是没有。

《时代》到《分析史》。《分析史》和《时代》在以下几个方面有所区别。在
《经济分析史》这本书中,熊彼特提出了他作学徒时的一段时间以来很快形
成的观点。他认为,经济理论不是作为一个大系统的草案去解释经济运行,
或传达与此有关的经济政策方面的建议。其实,用琼 · 罗宾逊(Joan
Robinson)的话说,它只是一个"装满分析工具的盒子":它们"在一起形成一
种机器……它在很广的范围内产生结果"。这个机器一次构建可供永久,并
"能无限次的被各种需求所用"(1965:585 页)。

熊彼特在系统构建上有着雄心壮志,拒绝现代理论提供的众多工具与

理念,让人意外的是,他在经济理论是对技术专家,还是工程师的规定上却摇摆不定。如果只是像水管工人那样,为了修好破裂的水管,把正确的部件从工具箱取出,熊彼特何以得出他那与封·庞巴维克、凯恩斯以及绝大部分经济学家背道而驰的观点的? 一个人如何能在不创新方法的情况下,成为理论上的"创新者"?

　　这引导我们走向第二个重要的阐述变迁。熊彼特在《时代》中还认可古典理论的独立特征,现在他却认为,这些看法,特别是李嘉图的观点,现在不再是值得关注的、非边缘化的学说,而是一种类似于"拥有缺点的机器","**李嘉图的分析是一条歧路(兜圈子)**"(1965:585 页)。最终也无人知晓,是什么促使熊彼特使出这样一招。正如皮埃罗·斯拉法(Piero Sraffa)(1951,1960)所指出的,一方面是古典的或者说李嘉图式的理论(盈余理论),另一方面是边缘化的或者说新古典主义的理论(供求理论),涉及的是对收入分配与相对价格在分析上迥然不同的解读。熊彼特对斯拉法评价甚高,对他的这些观点又会如何反应?

　　《经济分析史》是一本让人印象十分深刻的博学之作。带着伟大的毅力和决心,熊彼特在世界各地的图书馆刻苦钻研。他阅读原文著作,不管是德语、英语、法语、意大利语、西班牙语、拉丁语或希腊语,不论是书、论文或批评性小品文,什么都逃不过他的眼睛。他不仅对经济学观点感兴趣,而且着迷于历史框架以及同时期的哲学与自然科学思想。熊彼特是一位晚成的态度高雅的文艺复兴式人物,社会科学领域的"全能人"(homo universalis);同时又是一位学识深厚而且才思敏捷的人,自信地凭借自己的力量做出判断。他的大量评价都合乎实际,当然也有很多并不如此。不管怎么说,《经济分析史》这本书自出版以来,作为理论史的经典著作和信息与灵感不可或缺的原始资料,它的地位历经几个时代,丝毫不曾动摇。

第三部分　影　响

30 年前瑞士经济学家戈特弗里德·伯巴赫（Gottfried Bombach）提到熊彼特复兴，当时站在凯恩斯一方的彼得·德鲁克（Peter Drucker）授予其"现代预言家"称号。现在，熊彼特成了 21 世纪的经济学家：2009 年经济学人始创《"熊彼特"专栏——创新、企业家精神与活力》。我们生活在德国经济学家赫伯特·吉尔施（Herbert Giersch）1984 年就宣告过的熊彼特时代。罗伯特·海尔布隆纳（Robert Heilbroner）认为，显而易见，熊彼特的声音比其他经济学家更具有无可争议的时代性，如企业家身份、创新和创造性毁灭等概念，在经济学以外的领域也能见到，有些甚至已经泛滥。除此之外，还有了一些熊彼特公司和一所**熊彼特经济及工商管理学院**（*Schumpeter School of Business and Economics*）。然而，是管理学说首先发现了熊彼特，尤其是当他作为首批使用者提出诸如风险资本（Venture capital）和经营战略（Business strategy）等概念的时候，与企业家精神相关的大学教习岗位纷纷出现。工艺策略与创新政策是以创新型系统理论为依据，它源于熊彼特改进的创新理论，这不言而喻，然而，熊彼特的影响已超出了这一应用范围。从他的概念综合体中，发展出了公共话语的基本坐标。熊彼特生活在他的比喻、概念和思想之中。"创造性毁灭"和"企业家精神"之于熊彼特，恰似"无形的手"之于亚当·斯密。偶尔也会有人从熊彼特式的概念群中调制出思想体系，甚至是救世学说。

所有这些，对于一个一直声称作为科学家是纯粹为了追求知识而致力于学习的人来讲，是值得重视的。他初获博士学位时，甚至与著名的阿尔弗雷德·马歇尔碰面时，仍坚持这一纯粹主义的观点，众所周知对于后者而言，结合实践上的应用是一个重要的动机。

熊彼特在学术领域之外的影响正不断扩大，在学术圈内部，他的管理学说、社会学与企业历史不属于持续受他影响的经济学核心课程。总的来说，熊彼特的影响来得比较晚,涉及范围广并且呈扩散状。在经济学内部,它也有长期并广泛的影响。这里的广泛与扩散,不是说它肤浅,更重要的是意味着熊彼特思想的扩散过程,对于一位现代经济学家而言,这是非同寻常的。

如何理解熊彼特思想的这种晚来的、不同寻常的扩散过程?人们可以这样回答:因为他曾是位非同一般的经济学家。这一回答也不算错,然而,还有三个特别的原因。首先,在他那个时代,面对竞争者凯恩斯他是比较吃亏的。其次,对一名成功的科学企业家而言,熊彼特只满足了应该具有的一部分要求:在新型组合方面他一定是充满活力和机智的,但他既没有对选择重点加以深化,也缺乏企业家领导力。此外,他反复提到沉重的自我反思。最后,熊彼特没有建立任何学派,也不愿意成为任何人的追随者,这也是有关联的。他拒绝成立学派:在现代科学中,学派是过时现象,现代经济学只认识好的和差的经济学家,而不是这个或那个学派的成员。

与此同时,现代的数量经济学,大多以"预分析设想"为基础,建立特定模型,划分为科学社区(Scientific Communities)。获得成功的芝加哥学派[①](Chicago School),大抵正是如此。但是,熊彼特从来没有创建类似的核心模型,以便让成群结队的博士生研究它的变化、完善程度以及可计量性。

此外,熊彼特几乎从来没在他的课堂上把自己的著作作为课题,有些学生对此表示很遗憾。如果我们用今天的眼光看待他的作品,可以确定的是,他著作中的很多创新之处,并不适合常见形式的教学,同样的原因也使它们当时没有正式建模。他的《资本主义、社会主义与民主》被拟定为经典读物,可比肩亚里士多德(Aristotele)的《尼各马可伦理学》(*Nikomachische Ethik*),或者休谟(Hume)的《人的理解力研究》(*Abhandlung über den*

---

① 它是许多不同学派的统称,因为它们都源自于芝加哥大学或芝加哥市,故名芝加哥学派。包括芝加哥经济学派、芝加哥社会学派、芝加哥建筑学派等。译者注。

menschlichen Verstand）等。

　　熊彼特在他同时期的专业同行中间，声望如何？毋庸置疑的是，他的出版著作或多或少都被接受了，《经济发展理论》获得了成功。与此同时，霍斯特·哈努施（Horst Hanusch）与**国际熊彼特研究学会**（*International Schumpeter Society*）的创立者沃尔夫冈·斯托尔珀一致认为，在专业同行中，熊彼特的思想从《资本主义、社会主义与民主》开始，才被广泛地接受。乔治·斯蒂格勒（George Stigler）评判认为，从狭义上看，熊彼特对经济学分析的贡献没有获得很高的评价与此并不冲突。无论如何，到处都在赞赏他高超的思辨技巧、广博的学识，并称他为启迪者。比如莱昂内尔·罗宾斯勋爵（Lord Lionel Robbins）认为，在熊彼特那个时代，经济学家中最著名的演说家，除了凯恩斯就是他。所以在他去世后，《经济分析史》一经推出，立刻在同时代的精英经济学家中引起最激烈和最欣快的反应，并非偶然。

　　然而，熊彼特有生之年没有经历过凯恩斯在他的《通论》（General Theory）问世后经历的那种形式的影响，即其他经济学家把他的理论作为自己文章的出发点。詹姆斯·托宾（James Tobin）说，熊彼特在哈佛大学相对而言是孤独地工作（大约是忙于《经济周期循环论》），虽然他有很多出色的学生，而他本可以将个别内容中的具体细节工作委托给他们完成。

　　这样一来，熊彼特理论的扩散就有了矛盾之处。他在波恩的告别演说上特别强调，经济学是一门**科学**（*Science*），而不应把经济学作为经济哲学。这对于他的学生而言，是相当聪明的提议。与此同时，他与生俱来的才智，并没有使他自己铭记这一点。他最厉害的文章，虽然没有被人们列入经济哲学一栏，但是它们也不是以数量导向的**科学**化身。计量经济学家简·丁伯根（Jan Tinbergen），是一位受过专业训练的物理学家，他认为，很多模型构建者能够从熊彼特那里受益良多。他认为，熊彼特对经济循环问题的处

理方式,与其他典型的计量经济学家相比,有着非常大的不同

熊彼特既不是计量经济学家,也不是专业的模型构建者,尽管他明确宣称这些是经济学的未来。除此之外,他关注着一些**科学议题**,而这些议题在他那个时代还无法做到。这些议题包括:(1)资本主义作为动态的演化过程;(2)经济主体不均衡;(3)经济人模型假说(homo oeconomicus①)及其可持续性更强、切合现实的激励理论。

所以,他的影响是那种无预期的延迟效应,从来没有任何一位专业的经济科学家像他这样。他更有着像马克思一样被认为是全能型社会学代表人物才有的那种形式的影响:思想和纲领的作者虽然在时间上会消失,但思想和纲领在不同的形式与组合下总是会影响到新事物。

除了在科学领域产生影响,作为思想的生产者,他提供的思路对发展各种不同的经济学领域也起了重要作用,其中的某一些堪称典范。

市场结构与创新机制

很多研究的出发点是所谓的熊彼特假说,根据这一假说,创新与垄断型市场结构紧密相关。**创新带来的竞争优势创造短暂的垄断收益**,再从上述收益中拿出资金来资助新的创新研究与创新发展。自 20 世纪 60 年代以来,由一系列著名经济学家参与的研究链得以发展,其中就包括舍雷尔②(F. M. Scherer)专注的熊彼特假说的**实证研究**(*empirische Untersuchungen*),以及创新过程的**微观经济学分析**(*mikroökonomische Analysen*)。后者越来越专注于理想型**激励结构**方面的**问题**:类似专利权的机构,能够有助于刺激

---

① 希腊语,又称"经济人假设",即假定人思考和行为都是目标理性的,唯一试图获得的经济好处就是物质性补偿的最大化。译者注。

② 哈佛大学肯尼迪政府学院的名誉教授。译者注。

对新知识及其利用的投入吗？竞争的强度和危机感程度会有哪些影响？这方面的文学经典，有肯尼斯·阿罗（Kenneth Arrow，1962）关于刺激新知识产生的基础性论文，有威廉·诺德豪斯（William Nordhaus，1969）对专利权激励理论方面的分析，还有帕尔塔·达斯古塔（Partha Dasgupta）以及约瑟夫·斯蒂格利茨（Joseph Stiglitz）关于危机感、工业结构、竞争和创新活动相互关系的各种文章。

　　另外，20世纪60年代出现的文学，起源自雅各布·施莫克勒（Jacob Schmookler）的评论，他把**需求—拉动—假说**（*Demand-Pull-Hypothese*）与熊彼特创新过程的内在逻辑视角对立起来——创新终究是由需求推动的。与之相反，内森·罗森伯格（Nathan Rosenberg）等人却持另一种观点，他们全力支持**技术—推动—假说**（Technology-Push-Hypothese），这与熊彼特的创新范例更为契合。除此之外，罗森伯格开启了对发达资本主义国家创新过程的系统性研究（"创新体系"，Innovationssysteme）。它建立在不同层面的参与主体之间的相互合作之上，涵盖了从基础研究部分到以市场为导向的发展。然而，这样一种合作绝对不能理解为单行道，因此，这个过程并不是从上到下以计划经济的方式开展的。

企业家精神[①]（Entrepreneurship）

　　最近的几十年，企业家能力在管理培训与管理深造中越来越重要。比较早的时候，受熊彼特影响的彼得·德鲁克（Peter Drucker）就对这个方向进行了研究。同时，企业家的能力也成为一些著名经济学家的研究重点。20世纪60年代，威廉·鲍莫尔（William Baumol）发表了相关主题的文章，

---

　　① 　也作企业家身份。译者注。

文中他主要试图解答以下一些问题：一位企业家是成效卓著、毫无建树还是具有破坏性，这取决于什么？后者可能会发生在黑手党情景剧中。根据熊彼特的观点，如果由有能力但具有破坏性的企业家实施再分配，对于经济整体而言并不意味着繁荣，而是会带来停滞或者衰落。

如今，模型理论家们也开始做小型企业的模型进行微观经济学研究，例如爱德华·拉泽尔（Edward Lazear）、大卫·奥德茨（David Audretsch）以及佐尔坦·阿克斯（Zoltan Acs）。他们出版的大量著作中，首先把它与两个主要议题相联系：一个是小企业的特别地位，还有**管理型经济向企业家经济转变**的宽阔视野，甚至是一种**创业型社会**（如奥德茨 2007 年出版的著作的书名）。最终，2006 年诺贝尔奖获得者埃德蒙·费尔普斯（Edmund Phelps），把企业家精神及其前提推到重要位置，他推崇**创新假设**（*homo innoaticus*）是经济学的人类学原料，而不是**经济人假设**（*homo oeconomicus*）。在这个基础上，产生了极富哲理性的资本主义理论，这一概念被费尔普斯称为力度（*Dynamism*）。

企业历史

企业历史学家托马斯·麦克劳（Thomas McCraw）于 2007 年撰写了一本内容详尽、可读性很强的熊彼特传记，最近一段时间他多次指出，以熊彼特《经济周期循环论》（*Business Cycles*）作指导，对于重点关注公司创新行为的企业历史来说，具有非常意义。熊彼特很早就开始对这一学科方面的英国代表人物，特别是他们在哈佛大学的发展产生了影响，他与亚瑟·科尔（Arthur Cole）有着紧密联系，科尔是熊彼特大力支持的**哈佛企业史中心**（*Harvard Centers of Entrepreneurial History*）的主要人物。罗伯特·索博尔(Robert Sobel)和艾尔佛雷德·钱德勒[（Alfred Chandler)，很有影响力的著作《看得见的手》(The Visible Hand)、《战略与结构》(Strategy and Structure)或《规模与结构》(Scale and Scope)的作者]同样清晰地体现了熊彼特影响的痕迹。

公共选择理论（Public Choice）——新政治经济学

熊彼特的民主理论所起的启发作用当属排名第一。1957年安东尼·唐斯(Anthony Downs)划时代地出版了有关竞争性民主的作品，他强调了熊彼特带来的影响。后来的模型理论发展与熊彼特相比，使得人们看待政治过程的视角变窄：竞争模式和特别强调冷静，以至于嘲弄地看待政治的观点得以保留，然而，政治舞台的主体是按照**经济人**（*homo oeconomicus*）的理性主义概念建构模型的。与此相反，博学且精通历史的熊彼特知道，社会心理学能动性的力量恰好也存在于政治领域。以熊彼特式的观点视角综观行为经济学领域的进步，可以推测出：行为经济学将会重新焕发活力。

哈耶克的景气理论

今天人们提到所谓的"奥地利景气理论"时，大多不是指熊彼特，而是路德维希·封·米塞斯(Ludwig von Mises)和弗里德里希斯·奥古斯特·封·哈耶克(Friedrich August von Hayek)。尽管他们的观点在内容上有明显差异，但是哈耶克(1931)在方法上完全遵循了熊彼特的研究道路。另外，他的分析，以某种处于普遍静止的均衡状态的经济学为开端，把经济循环理解为由紊乱引发的向新的静止平衡状态的过渡。实质上，他却完全回避熊彼特。首先，有关刚刚提到过的紊乱问题，哈耶克只论证了两种起因。第一种，是主体偏好的自主变化——时间偏好利率的提高或者降低，以及由此而来的总储蓄的降低或者提高。关于"自愿储蓄"的变化，哈耶克认为，或多或少影响着向长期有效的全新平衡状态的顺利过渡。第二种，涉及因货币政策引起的技术选择的变化，针对的是最大程度降低成本的生产者的技术选择——如果银行体制确定货币利率位于（按照边界生产力构建的）平衡利率之下，这就是对生产者的一种激励，刺激他们选择更长远的"生产弯路"。这与熊彼特认为的一样，会导致生产者扩大贷款，同时，这也会导致生产要素价格上涨，因为通过这种方式，它们被吸引到时间段上远离市场导向的阶段。只要行为主体的偏好没有任何更改，日常消费用品的减少 —— 一种"被迫的节省"——早晚会导致日常消费品价格上涨，以及随之而来的直接消费领域利润率的提高。这表明最初开辟的延长生产弯路，是一条歧路，与它紧密相关的是资源的不合理配置。

与此不同的是，熊彼特并不把偏好以及它的变化视为外生品，而认为是由经济演进共同影响的内生性的。特别是把时间偏好这一概念作为不再被追问的事实，他表示坚决反对。同样，他认为信贷扩张，不是如哈耶克认为的银行体制无理由的活动，而是反映了刚萌芽的创新活动。他认为，银行体制对于创新力的促进起着核心作用，但是哈耶克却视银行体制为所有弊端的起因：它任意的利息政策决定，带来人为因素的昂贵经济起伏，据说这样的结果在实物交换经济中不可能存在。熊彼特认为哈耶克的理论一文不值，并在私人通信中，告知了这一理论最尖锐的批评者皮埃罗·斯拉法（Piero Sraffa）。

经济长波

虽然早在熊彼特之前就已经有人表述过有关经济活动长波存在的观点,其中包括荷兰马克思主义者 J. 凡·格尔德伦(J. van Gelderen)和尼古拉·康德拉季耶夫(N. Kondratieff),但是在这方面的新型研究,主要从熊彼特观点开始。特别是 20 世纪 80 年代出现了大量文章,研究熊彼特对康德拉季耶夫周期理论的划分,直到最近仍不断有对此的进一步研究。同时,新型统计学和计量经济学方法也得以运用,其中甚至包括光谱分析(Spektralanalyse)。20 世纪 70 年代早期全球范围内的萧条期和滞胀期,预示着第四轮康德拉季耶夫周期的最后阶段。微电子学革命多次被理解成承载着第五轮康德拉季耶夫周期的关键技术,有时人们会用增长周期这一说法代替长波的概念。

根据门施(Mensch)(1975)的观点,"基础创新"在极度萧条时期以典型的捆绑形式出现,正如 20 世纪 30 年代那样。在经济繁荣时期,企业对于这样的创新不需要冒风险,因为没有创新时企业的营业情况也是令人满意的。这一看法遭到弗里曼(Freeman)、克拉克(Clark)和索特(Soete,1982)驳斥,他们认为这在实践中是站不住脚的。更常见的是,将经济活动的不规律进程,主要归结为相互联系的整体创新群,即所谓的"新型科技体制"的扩散,而不特别归结于单个的重要创新活动。

佩蕾丝(Perez)承认,熊彼特虽然对进行经济创新的机构有一定程度的关注,但是整体上来看,他对创新与机构之间的相互关系没有进行足够彻底的分析。她特别关注的一方面是科技的不同步变革,另一方面是以惯性趋势为特征的社会机构的变革。教育体制的不相称发展,有可能导致新型科技所要求的从业人员应该有的技能状况与其真实拥有的技能之间难以匹配。公共机构既能阻碍创新,也能促进创新,这一观点在内生的经济增长理论中越来越重要。之前人们把注意力放在资本积累和技术进步上,现在人们会更多地把社会、文化和制度上的事件看作是经济增长的减速器或加速器。

演化经济学(进化式经济学)①

在过去几十年重新被拾起的熊彼特学说中,演化经济学得以发展。伴随着时间的推移,这一研究方向愈加重要,同时逐步以科学机构和专业杂志的形式变得制度化。

尤其是理查德·R. 纳尔逊(Richard R. Nelson)和悉尼·G. 温特(Sidney G. Winter)出版的书目《经济变迁的进化理论》(*An Evolutionary Theory of Economic Change* 1982),开启了演化经济学的开端。他们在书中回避了"正统"(新古典主义的)理论所代表的、在附加条件下最优化的理性概念。他们反对常见的平衡理论,并认为在面对历史变迁时它使人变得盲目。他们借鉴生物学提出了例如经济学"自然选择"一样的基本思想,"公司人口中不尽相同的存活和增长的模式,有可能造成体现这些人口的经济总量的变化,哪怕个别公司的状况保持不变"(1982:9 页)。传统观念认为,人们能够借助典型公司的理念来研究经济发展进程。他们拒绝这一观念,并认为它具有误导性。他们开发了企业行为模型,"把'盲目'的行为过程与'有目的'的行为过程相互联结起来"(1982:11 页)。与企业相关的研究重

---

① 原文为:Evolutorische Ökonomik(Evolutionsökonomik),这里直接译为演化经济学。译者注。

点是"组织遗传学"，它可视为"健身"，它体现在与快速变化的环境和谐相处的"良好状况"。纳尔逊和温特强调说，熊彼特的影响"渗透"了他们整本著作（1982：39页）。

相同的情况也出现在第二本著名的演化经济学著作中，斯坦利·梅特卡夫（J. Stanley Metcalfe）的《格拉茨熊彼特讲座（1995年）》（*Graz Schumpeter Lectures des Jahres 1995*），1998年出版时的书名是《演化经济学与创造性毁灭》（*Evolutionary Economics and Creative Destruction*，Metcalfe，1998）。梅特卡夫同样从熊彼特的理论中汲取了他著作的主要灵感："熊彼特的设想是周全和正确的，静止的资本主义，哪怕内部的所有活动都以统一比率增长的资本主义，都是自相矛盾的（contradictio in adjecto），但它也不是万花筒似的……。变化的模式也显示了关联性和逻辑，无论如何，以长远的眼光看，借助演化的方法，就可以很好地将它们解释清楚。演化进程阐明了整体关系中的变化模式。创造性毁灭是对相关形式的中肯解读，也凸显了资本主义的典型特征，同时是新型行为模式东零西散的推广能力。不管它们现在是工艺方面的、组织管理方面的或社会方面的，它们都是经济变迁的推进器。"（1998：3页）

梅特卡夫将经济竞争概括为演化进程，一方面通过创新提高制度多样性，但是另一方面，它通过淘汰不再具有竞争力的企业而减少多样性。一个关注重点是，企业的"健康状况"，指向不同维度的概念，包含生成新事物的能力、对全新挑战的反应能力、利用既得利益实现扩张和现代化的能力等。借鉴生物学进化论，梅特卡夫描摹了一个以不同企业的种群活力为形式的竞争。这里他使用了种群的过渡性法则（Übergangsgesetze），正如罗纳德·费舍尔（R. A. Fisher）在他1930年出版的《自然选择的遗传理论》（*The Genetical Theory of Natural Selection*）中所介绍的那样。

众所周知,熊彼特在他的早期作品中坚定拒绝经济学借用其他学科的做法,特别是生物学。后来他在这一点上态度有了转变。演化经济学深刻证明了经济学家能够从生物学中学习,反之亦然。库尔特·多普弗(Kurt Dopfer, 2005)出版的著作,很好地总结了演化经济学的最新状态,令人赞赏。

"熊彼特式"的内生增长模型

值得关注的是,经济增长理论于 20 世纪 80 年代再次显现繁荣,在此之前,与它有关的内容经历了很长一段时间的沉寂。人们对罗伯特·索罗(Robert Solow)著名的模型方式的兴趣逐渐减弱,模型理论已经在理论与实践上都难以令人满意,而取而代之的理论一时间并没有出现。尤其饱受争议的一个事实是,索罗扬言科技进步是外生的,这样一来,经济的增长更多地被看作是一种认定,而不是对科技进步作出的解释。因此,其中的主要任务是把从体制中诞生的技术变迁与伴随的劳动生产率的提高解释为目的明确的行动期待达成的效果,或者是理解为其他活动无意带来的附随现象。这些方法的分析性框架,基本上是普遍平衡理论,当然作家们一直认为,有必要剥离这一理论的束缚——这一点熊彼特通过他自己的方式已经做到了。

在最早的内生增长理论(Romer, 1986)中,首先探讨的只是资本积累的有利的外在效应,特别是人力与知识资本部分。例如进行大学学习的个人,他的人力资本的提高,和由此伴随的生产率或效率的提高,是和"外溢效应"(spillovers)联系在一起的,即通过与其他人的交流和合作,对方的生产率也能得到提高。通过这种教育投资效应,整个经济的生产率就会提升。其次是企业维护研究与发展部门,设计新的程序和商品。根据研究与发展部门所获资源投入的高低,发明创造的数量就会有多少之分。一旦这种形式的创新可以投入使用,它就多多少少迅速并且轻松地被其他企业模仿,这样一来,整个体制的生产率将再度提高。新知识基本上可以被多家企业同时应用,也不可能一直剥夺其他人对它的使用,或者说保持垄断。人们关注到,正如在传统的保守理论中一样,储蓄和因此而来的放弃消费位于经济活力的中心,借助储蓄,消费品货物流就可以跨时间调控。除此之外,由于对教育(人力资本)和研究与发展部门的投入,会或多或少地加快提高劳动生产率。

直到 20 世纪 90 年代初,才出现所谓的"熊彼特式"内在增长模型的说法。这一飞速发展的研究领域的先驱,是菲利普·阿格因(Philippe Aghion)和彼得·豪威特(Peter W. Howitt,2009)。他们与熊彼特相反,虽然也坚持储蓄的主导地位,研究的却是不被熊彼特别看中的、财政方面的创新意义与银行的角色。从根本上来看,他们的思路来源于现代工业经济的实体经济模型。人们坚持瓦尔拉斯①的理论途径,这是一个动态的平衡模型(变动的均衡,moving equilibrium)。这一视角的关注点集中在创新,它旨在提高产品,特别是中间产品或资本财富的质量,同时,借用创造性毁灭的表现形式将陈旧过时的产品予以淘汰。

每一项中间产品都只能由一个仅有的制造商——最富有活力的创新者生产并销售。这里便牵涉到熊彼特理论中占重要地位的垄断因素。依托最新型中间产品生产出来的成品,制造成本更低,而中间产品的老一代产品就会被挤出市场。这一理论意味着,快速的经济增长伴随着企业的急速变化,

---

① 里昂·瓦尔拉斯(Léon Walra,1834—1910),法国经济学家,开创了一般均衡理论,是边际革命领导人,洛桑学派创始人。译者注。

因为创新—毁灭的过程为新型革新者的加入提供了机会,同时淘汰落后企业。影响经济增长的决定因素,一方面是新发明的比例和它们在经济领域的重要程度,另一方面是速度,即它们被制度吸收然后被效仿的速度。创新和模仿的频率在内部被视为创新者和效仿者的盈利最大化问题,除此之外也与经济的制度特征相关,其中包括产权保护、银行与财政制度、普通教育事业和培训事业,以及国家政策。因为我们无法设想发明创造像河流那样均衡且源源不断,也就没有理由假定持续性的增长。

所有这些特征表明,经济政策十分依赖社会各种因素。因此,我们与广为传播的"万能钥匙"政治观点(passe partout, Politk)保持了距离。在经济演化过程中,赢家与输家面面相对,而这就提出了一个如何达到社会最优化的创新比例问题。

"基础创新"(Basisinnovationen)理念在现代增长文献中被描述为**通用技术**(*General-Purpose Technologies*)(Bresnahen 和 Trajtenberg,1995)。这种类型的技术有三个方面特征:首先,它们在很多经济领域,极端情况下甚至是所有部门中,对生产和创新过程产生影响;其次,技术工艺的改进创造巨大潜力,它可以长期激发制度活力;第三,技术工艺为大量新方法与新产品的发明提供可能,即二级与三级发明的流行。早期的**通用技术**是以激光为基础的技术、信息工程技术和生物科技。"通用技术"这一理念在内森·罗森伯格对创新制度的分析文章中,也起到了十分重要的作用。总的来说,最终的结果使得熊彼特**资本活力循环**(*Zyklizität kapitalistischer Dynamik*)这一设想的技术前提更为精确,这里说的是经济增长的那种长效加速与放缓,它们作为康德拉季耶夫周期,为基础创新提供了有规可循的模板。

图书在版编目(CIP)数据

创新始者熊彼特 /（奥）海因茨·D.库尔茨,（奥）
理查德·斯图恩著;纪达夫,陈文娟,张霜译.—南京：
南京大学出版社,2017.3
（创新发展丛书 / 洪银兴主编）
书名原文：Schumpeter für Jedermann：Von der
Rastlosigkeit des Kapitalismus
ISBN 978 - 7 - 305 - 17968 - 6

Ⅰ.①创… Ⅱ.①海… ②理… ③纪… ④陈… ⑤张…
Ⅲ.①约瑟夫·熊彼特-传记 Ⅳ.①K835.215.3

中国版本图书馆 CIP 数据核字(2016)第 298227 号

江苏省版权局著作权合同登记 图字:10 - 2016 - 345 号

出版发行 南京大学出版社
社　　址 南京市汉口路 22 号　　　　邮　编 210093
出 版 人 金鑫荣
丛 书 名 创新发展丛书
主　　编 洪银兴
书　　名 **创新始者熊彼特**
著　　者 [奥]海因茨·D.库尔茨　[奥]理查德·斯图恩
译　　者 纪达夫　陈文娟　张　霜
校　　译 纪达夫
责任编辑 胡晓爽　张　静
照　　排 南京紫藤制版印务中心
印　　刷 南京爱德印刷有限公司
开　　本 635×965　1/16　印张 11　字数 138 千
版　　次 2017 年 3 月第 1 版　2017 年 3 月第 1 次印刷
ISBN 978 - 7 - 305 - 17968 - 6
定　　价 32.00 元

网址:http://www.njupco.com
官方微博:http://weibo.com/njupco
官方微信号:njupress
销售咨询热线:(025)83594756